Sascha Laibold

Anforderungsmanagement

Eine wichtige Managementaufgabe

Sascha Laibold

Anforderungsmanagement

Eine wichtige Managementaufgabe

GRIN Verlag

Bibliografische Information der Deutschen Nationalbibliothek: Die Deutsche Bibliothek
verzeichnet diese Publikation in der Deutschen Nationalbibliografie; detaillierte bibliografische Daten sind im Internet über http://dnb.d-nb.de/ abrufbar.

1. Auflage 2008
Copyright © 2008 GRIN Verlag
http://www.grin.com/
Druck und Bindung: Books on Demand GmbH, Norderstedt Germany
ISBN 978-3-640-13732-9

Projektarbeit

im Virtuellen Weiterbildungsstudiengang Wirtschaftsinformatik

an der

Fakultät für Wirtschaftsinformatik und Angewandte Informatik der Universität
Bamberg

der Otto-Friedrich-Universität Bamberg

Anforderungsmanagement

Eine wichtige Managementaufgabe

Requirements Management

An important management task

Autor: Sascha Martin Laibold

Abgabe am: 10.04.2008

Inhalt

1 Systematisches Anforderungsmanagement – ein Ansatz mit enormem Potential

1.1 Motivation

Die Fähigkeit, schnell und effektiv auf wechselnde Anforderungen und neue Chancen in einem Marktumfeld wachsender Komplexität und zunehmender Dynamik zu reagieren, wird immer mehr zur zentralen Herausforderung moderner Unternehmen. Der intelligente Umgang mit den Ressourcen ist längst eine ökonomische Notwendigkeit. Zugleich ist die konsequente Umsetzung der Kundenanforderungen erfolgsentscheidend.

In diesem Spannungsfeld stellt systematisches Anforderungsmanagement einen Ansatz dar, der enormes Potential aufweist, nämlich die Differenzierung im Wettbewerb durch Vorteile in den Dimensionen Zeit, Qualität und Kosten.

1.2 Situationsanalyse

Besonders Großunternehmen sehen sich Herausforderungen gegenüber wie:

- stärkere Kundenorientierung,
- steigende Bedeutung softwareintensiver Systeme,
- steigende Komplexität,
- ständig steigende Anzahl von Stakeholdern,
- stetige Zunahme des Zeit- und Kostendrucks,
- zunehmender Verknüpfungsgrad von Software und Systemen,
- zunehmende Vernetzung der IT-Systeme mit denen von Partnern oder Kunden,
- gesetzliche Vorgaben,
- Erfordernis einer immer flexibleren Unterstützung der Geschäftsprozesse,
- Umstrukturierungen der IT-Organisation.

Ein zentrales Problemfeld stellen in vielen Unternehmen historisch gewachsene, starre Anwendungssilos dar. Diese wurden in der Vergangenheit für den Einsatz in einer stabilen, gleichbleibenden Umgebung erstellt. Unflexible Geschäftsprozesse richteten sich nicht selten nach der IT. Aus diesen Wurzeln hat sich eine vollkommen konträre Philosophie entwickelt. Heute wird eine anpassungsfähige Ausrichtung der IT an die geschäftsrelevanten Aufgaben angestrebt, um nicht zu sagen verlangt. Die fachliche Organisation der Anwendungslandschaft steht dabei im Vordergrund, wobei die Anwendungsarchitektur der Geschäftsarchitektur folgt und nicht umgekehrt. In diesem Zusammenhang hat das Thema Service Orientierte Architekturen (SOA) nicht an Aktualität verloren, weil viele Unternehmen inzwischen feststellen mussten, dass sie aufgrund ihrer starren IT-Infrastruktur so stark in ihrer Flexibilität eingeschränkt sind, dass sie dadurch an Wettbewerbsfähigkeit einbüßen. Änderungen, die sich beispielsweise durch ökonomische Einflüsse, dynamische Umfeldentwicklungen und/oder fachliche Anforderungen ergeben, müssen innerhalb kurzer Zeit umgesetzt werden können. Die Etablierung einer SOA ist jedoch mehr als nur die Entwicklung einzelner Services. SOA-Umgebungen benötigen die Unterstützung des gesamten Software Development Lifecycle (SDLC). Eine Schlüsselrolle nimmt hier das Anforderungsmanagement in der Analysephase ein. Insbesondere bei einem hohen Verknüpfungsgrad sind die Auswirkungen von Änderungen sorgfältig zu analysieren. Werden Abhängigkeiten identifiziert, so geht mit dem Änderungsaufwand ein Koordinationsaufwand einher.

Nicht nur die gestiegene Komplexität spricht für einen veränderten Umgang mit Anforderungen, sondern auch die neuen Rahmenbedingungen, wie z.B. ggf. die Kommunikation über eine größere Distanz. Ein weiteres großes Problemfeld in diesem Zusammenhang stellt die Modifikation der Organisationsstrukturen in der IT dar. Diese geht häufig mit einem Verlust an Kommunikation zwischen Fachbereich und IT einher, weil sich deren Geschäftsbeziehungen verändern. Durch eine zunehmende Formalisierung wird die Kommunikation erschwert. Dies wiederum kann die Komplexität erhöhen. Zudem sollen die Steuerbarkeit der IT-Dienstleistungen verbessert und deren Leistungsfähigkeit gesteigert werden. „Unternehmensintern erbrachte IT-Serviceleistungen stehen auf dem Prüfstand. Sie werden zunehmend unter Kostenaspekten betrachtet und auf Transparenz getrimmt." [Reic06, S. 1]

Die Konzentration auf das Kerngeschäft ist eine Möglichkeit, durch Spezialisierung die eigene Wettbewerbsfähigkeit zu steigern. Outsourcing und Offshoring sind Themen, die in diesem Zusammenhang kontrovers diskutiert werden. Es ist die zunehmende Tendenz zu beobachten, dass Software nach wie vor im eigenen Unternehmen geplant, beauftragt und überwacht wird, aber keine Entwicklung mehr erfolgt. Umso mehr ist es von Bedeutung, dass die Anforderungen klar spezifiziert sind.

Desweiteren verläuft diversen Studien zufolge ein großer Teil der Softwareentwicklungs-projekte nicht erfolgreich. Eine Aufstellung über die zu dieser Thematik durchgeführten Studien findet sich in der Arbeit von Buschermöhle et al. (vgl.[Bus+06, S. 15]). Dort werden zudem die jeweils verwendete Forschungsmethode, das Untersuchungssubjekt bzw. -objekt und die ermittelte Erfolgsquote (falls ermittelt) übersichtsartig dargestellt.

Der aktuelle CHAOS Report der Standish Group kommt zu dem Ergebnis, dass *weltweit* nur **35 Prozent** der Softwareprojekte, die in 2006 begonnen wurden, erfolgreich verliefen (vgl. [Rubi07]). Eine ähnliche Studie führte der F&E Bereich Sicherheitskritische Systeme des Oldenburger Forschungs- und Entwicklungsinstitut für Informatik-Werkzeuge und – Systeme (OFFIS) mit seiner Umfrage SUCCESS (**SUCCESS AND FAILURE OF HARD- AND SOFTWARE PROJECTS**) im Rahmen des vom Bundesministerium für Bildung und Forschung geförderten Projektes VSEK (Virtuelles Software-Engineering-Kompetenznetz) in 2005/2006 durch. Ziel war die Identifikation aktueller Erfolgs- und Misserfolgsfaktoren bei der Durchführung von Hard- und Softwareprojekten in *Deutschland*. Auf Basis der erhobenen Daten von 378 untersuchten Projekten wurde eine Erfolgsrate in Höhe von **50,7 Prozent** ermittelt (vgl. [Bus+06, S.289]).

Die Studienergebnisse sind zwar, nicht zuletzt aufgrund des unterschiedlichen Studiendesigns, nur beschränkt miteinander vergleichbar, dennoch lassen sie das Optimierungspotential von Softwareentwicklungsprojekten, die nach heutigen Standards abgewickelt werden, erkennen.

Die beschriebene Situation lässt erahnen, dass die zum Teil rasanten Veränderungen im IT-Umfeld einen veränderten Umgang mit Anforderungen erfordern. Die genannten

Herausforderungen haben zur Konsequenz, dass kontinuierliches und systematisches Anforderungsmanagement für eine erfolgreiche Produktentwicklung immer mehr an Bedeutung gewinnt.

1.3 Zielsetzung und Konzeption dieser Arbeit

Im Rahmen dieser Arbeit soll beleuchtet werden, welchen Beitrag das Anforderungsmanagement für die Differenzierung eines Unternehmens im Wettbewerb leisten kann.

Die Relevanz des Themas wurde in der Situationsanalyse bereits vorgestellt.

Nach den Erläuterungen zur Zielsetzung und Konzeption dieser Arbeit findet eine Klärung der für diese Arbeit zentralen Begriffe Anforderung und Anforderungsmanagement statt. Darauf aufbauend werden die Ziele des Anforderungsmanagements formuliert. Das 4. Kapitel beschäftigt sich mit der systematischen Klassifizierung von Anforderungen. Nach der Betrachtung der Qualitätskriterien für Anforderungen und Anforderungsdokumente im 5. Kapitel befasst sich das Kapitel 6 mit den Haupttätigkeiten im Anforderungsmanagement.

Im Kapitel 7 werden Anforderungen im Kontext von Vorgehensmodellen beleuchtet. Um ein Gefühl für die Erfolgsfaktoren im Anforderungsmanagement zu entwickeln, wird auf die kritischen im Kapitel 8 eingegangen.

Anschließend wird das Thema Anforderungsmanagement im Kontext methodischer Qualitätssicherung betrachtet.

Die Arbeit schließt mit einem Fazit.

2 Definition von Anforderung und Anforderungsmanagement

Der Begriff des „Anforderungsmanagements" bezeichnet ein Forschungsgebiet, das in den letzten Jahren in neueren Publikationen eine zunehmende Bedeutung erfahren hat.

Trotz der mittlerweile großen Anzahl an Veröffentlichungen ist eine einheitliche terminologische Basis nicht sichtbar geworden.

2.1 Der Anforderungsbegriff

Literaturrecherchen fördern zutage, dass es keine allgemein anerkannte Definition davon gibt, was man unter dem Anforderungsbegriff versteht.

Im Standard IEEE 610.12-1990 ist der Begriff Anforderung (engl. requirement) wie folgt definiert:

Eine Anforderung ist:

(1)   Eine Bedingung oder Fähigkeit, die von einem Benutzer benötigt wird, um ein Problem zu lösen.

(2)   Eine Bedingung oder Fähigkeit, die ein System oder eine Systemkomponente aufweisen muss, um einen Vertrag zu erfüllen oder einem Standard, einer Spezifikation, oder anderen formellen Dokumenten zu genügen.

(3)   Eine dokumentierte Darstellung einer Bedingung oder Fähigkeit gemäß (1) oder (2).

(Vgl. [IEEE 610.12-1990], Übersetzung des Autors)

Sommerville und Sawyer definieren den Anforderungsbegriff wie folgt:

Anforderungen werden in den frühen Phasen einer Systementwicklung definiert als eine Spezifikation dessen, was implementiert werden soll. Sie sind Beschreibungen dessen, wie sich das System verhalten soll, Beschreibungen einer Systemeigenschaft oder Qualitätsmerkmale. Sie können eine Auflage im Entwicklungsprozess des Systems darstellen.

(Vgl. [SoSa97, S. 4], Übersetzung des Autors)

Von Grady Booch stammt folgende Definition im Rahmen des Rational Unified Process (RUP):

„Eine Anforderung ist eine Voraussetzung oder eine Fähigkeit, die ein System erfüllen muss."

[KrBo99, S. 142]

Definition nach Balzert:

"Aussage über eine zu erfüllende qualitative und/oder quantitative Eigenschaften eines Produktes; eine vom Auftraggeber festgelegte Systemspezifikation, um ein System für den Entwickler zu definieren."

[Balz96, S. 111]

Anforderungen (Lastenheft) gem. V-Modell® XT

„Das Produkt Anforderungen (Lastenheft) enthält alle an das zu entwickelnde System identifizierten Anforderungen. Es ist Grundlage für Ausschreibung und Vertragsgestaltung und damit wichtigste Vorgabe für die Angebotserstellung. Das Lastenheft ist Bestandteil des Vertrags zwischen Auftraggeber und Auftragnehmer. Mit den Anforderungen werden die Rahmenbedingungen für die Entwicklung festgelegt, die dann vom Auftragnehmer in der Gesamtspezifikation (Pflichtenheft) detailliert ausgestaltet werden."

[KBSt07, S.71]

In der DIN EN ISO 9000 ist der Anforderungsbegriff abstrakt definiert als:

"Erfordernis oder Erwartung, das oder die festgelegt, üblicherweise vorausgesetzt oder verpflichtend ist."

[DIN06]

Von Rupp, Chris / SOPHIST GROUP stammt folgende Definition:

„Eine Anforderung ist eine Aussage über eine Eigenschaft oder Leistung eines Produktes, eines Prozesses oder der am Prozess beteiligten Personen."

[Rupp07, S. 13]

Die Synopse zeigt, dass der Begriff der Anforderung unterschiedlich weit gefasst wird und unterschiedliche Aspekte in den Vordergrund gestellt werden.

In der Definition des Instituts der Elektrik- und Elektronik-Ingenieure (vgl. [IEEE 610.12-1990]) fällt auf, dass auf die Wünsche und Ziele der Benutzer an erster Stelle eingegangen wird, bevor die Bedingungen und Fähigkeiten des Systems im zweiten Absatz behandelt werden. Die gewählte Reihenfolge lässt sich dahingehend interpretieren, dass der Erarbeitung kundenorientierter Lösungen ein hoher Stellenwert beigemessen wird. Ferner fällt auf, dass die Definition zwischen nicht dokumentierten und dokumentierten Anforderungen differenziert.

Die systematische Transformation von undokumentierten Anforderungen der Stakeholder in Anforderungsspezifikationen stellt eine Hauptaktivität im Anforderungsmanagementprozess dar.

Balzert (vgl.[Balz96]) stellt in seiner Definition auf die qualitativen und die quantitativen Eigenschaften eines Produktes aus Sicht der Rolle des Auftraggebers ab. Seine Definition zielt auf die Überprüfbarkeit der Anforderungen hinsichtlich der Erfüllung im Hinblick auf die spätere Produkt-Abnahme.

In der Grundlagenbeschreibung des V-Modell XT wird der Anforderungsbegriff doppelt belegt. Anforderungen werden hier zum einen als V-Modell XT-Produkt in Form des Lastenheftes und zum anderen als Rahmenbedingungen für die Entwicklung definiert. Die in Rede stehende Definition fokussiert rechtliche Aspekte (Lastenheft als Grundlage für Ausschreibung und Vertragsgestaltung). Daneben werden zwei Detailierungsgrade der Ausgestaltung von Anforderungen unterschieden, nämlich das Lasten- und das Pflichtenheft. Darüber hinaus werden die Rollen Auftraggeber und Auftragnehmer unterschieden.

In der Norm DIN EN ISO 9000 (vgl. [NORM DIN06]) ist der Anforderungsbegriff sehr allgemein definiert. Sie fasst den Anforderungsbegriff am weitesten. Anforderungen müssen nach dieser Definition nicht notwendigerweise explizit formuliert sein.

Die Definitionen von Grady Booch (vgl. [KrBo99]) sowie von Sommerville und Sawyer (vgl. [SoSa97]) stellen das zu implementierende System in den Vordergrund. Sommerville und Sawyer nehmen explizit eine Einschränkung auf die frühen Phasen einer Systementwicklung vor. Die Definition von Grady Booch wurde im Kontext des RUP formuliert. Der RUP ist ein schwergewichtigerer Softwareentwicklungsprozess. Im RUP wird ebenfalls versucht, den Großteil der Anforderungen möglichst früh festzuschreiben. Sommerville und Sawyer weiten den Begriff Anforderung explizit auf den Entwicklungsprozess aus.

Die Definition von Rupp, Chris / SOPHIST GROUP (vgl. [Rupp07]) bezieht den Entwicklungsprozess ebenfalls ein und darüber hinaus die nachgelagerten Prozesse wie Wartung und Support. Rupp, Chris / SOPHIST GROUP betont, dass ein Produkt und nicht nur ein System als Endergebnis einer Entwicklung erbracht werden muss. „Der Begriff ‚Produkt' in der Definition meint jedoch mehr als nur ‚System', umfasst Software und Hardware und zum Beispiel auch Abnahmekriterien, Handbücher, Protokolle, Planungsdokumente und so weiter." [Rupp07, S. 13]

Diese umfassende Sichtweise wird auch in dieser Arbeit vertreten.

Es sei darauf hingewiesen, dass sich Anforderungen verändern können. Versteegen et al. definieren den Änderungsbegriff als „modifizierten Anforderungswunsch" (vgl. [Ver+03, S. 5]).

(Neue) Anforderungen entstehen während des gesamten Lebenszyklus eines Systems. Schienmann gibt eine durchschnittliche Änderungsrate von 2 Prozent der Anforderungen pro Monat an (vgl. [Schi01, S. 46]).

Als Ursachen für die Änderung von Anforderungen können beispielsweise angeführt werden:

- Fehler im Betrieb oder

- Kontextänderungen (Wandel in den Nutzungswünschen der Stakeholder,

  Gesetzesänderungen, neue Technologien oder zusätzliche Konkurrenzprodukte)

(vgl. [Pohl07, S. 547 – 549]).

Die Terminologie für die dokumentierte Form von Anforderungen ist ebenfalls nicht einheitlich. Beispielsweise wird hierfür im Standard IEEE 610.12-1990 (vgl. [IEEE 610.12-1990]) und von Rupp, Chris / SOPHIST GROUP (vgl. [Rupp07]) der Begriff der **Anforderungsspezifikation** verwendet. Balzert (vgl. [Balz96]) hingegen verwendet in seiner Arbeit den Begriff **Produkt-Definition**, um „[…] Verwechslungen mit dem Begriff <<Spezifikation>> im Entwurf zu vermeiden […]" [Balz96, S. 92]. Pohl (vgl. [Pohl07]) benutzt für die dokumentierte Form den Begriff **Anforderungsartefakt**. Er unterscheidet präzise zwischen dokumentierten und spezifizierten Anforderungen. „Eine dokumentierte Anforderung ist nur dann eine spezifizierte Anforderung, wenn sie die vorgegebenen Spezifikationsvorschriften für Anforderungen erfüllt." [Pohl07, S, 220]

2.2   Anforderungsmanagement

Wie eben festgestellt wurde, sind Anforderungen grundsätzlich nicht stabil und ändern sich.

Versteegen schreibt, dass Änderungen auf Zuruf zwar für den Kunden recht nett sein mögen und auch eine scheinbare Flexibilität vortäuschen, jedoch aber in höchstem Maße unprofessionell seien (vgl. [Ver+03, S. 5]).

Seine Aussage gilt vor allem, wenn die Anzahl der Stakeholder groß und das Unternehmen sehr arbeitsteilig organisiert ist.

„Das Anforderungsmanagement dient dazu, diese unvermeidlichen Änderungen von Anforderungen im Vorfeld zu erkennen, zu planen und zu steuern, sowie ihre Auswirkungen lokal zu halten." [Schi01, S. 21]

Grady Booch definiert Anforderungsmanagement im Rahmen des Rational Unified Process (RUP) wie folgt:

„Das aktive Management der Anforderungen umfasst drei Aktivitäten:

- Das Entdecken, Organisieren und Dokumentieren der vom System geforderten Funktionalität und Zusammenhänge

- Das Einschätzen der Änderungen dieser Anforderungen und das Einschätzen ihrer Auswirkungen

- Das Verfolgen und Dokumentieren der vorgenommenen Änderungen und der Entscheidungen"

[KrBo99, S. 142]

Von Leffingwell und Widrig stammt die Definition:

Anforderungsmanagement ist ein systematischer Ansatz, die Erfordernisse des Systems zu ermitteln, zu verwalten und zu dokumentieren, sowie ein Prozess, der die Vereinbarung zwischen dem Kunden und dem Projektteam über die sich ändernden Erfordernisse des Systems herstellt und aufrecht erhält.

(Vgl. [LeWi99, S. 16], Übersetzung des Autors)

Definition nach Kruchten:

Anforderungsmanagement ist ein systematischer Ansatz des Ermittelns, Verwaltens, Kommunizierens und des Managens der Änderungsanforderungen eines softwareintensiven Systems oder einer Anwendung.

(Vgl. [Kruc03, S. 25], Übersetzung des Autors)

Die angeführten Definitionen sind sehr ähnlich was das Ermitteln, Verwalten und Dokumentieren von Anforderungen betrifft. Die Definition von Grady Booch beinhaltet explizit das Einschätzen von Änderungen und das Einschätzen ihrer Auswirkungen. In der Praxis ist dieser Aspekt des Anforderungsmanagements von zentraler Bedeutung. Aufgrund des zunehmenden Verknüpfungsgrades von Systemen oder Systemkomponenten können scheinbar harmlose Änderungen beträchtliche Auswirkungen haben, wenn diese unzureichend bedacht werden.

Schnittstellen des Anforderungsmanagements sind das Projekt- und das Qualitätsmanagement.

3 Ziele des Anforderungsmanagements

Zu den Zielen des Anforderungsmanagements zählen:

- Vorgaben für kundenorientierte/marktgerechte/passgenaue Lösungen,

- Steigerung der Qualität der fachlichen Anforderungen,

- ggf. Vertragsgrundlage,

- schneller Abstimmungsprozess zwischen Auftraggeber und Auftragnehmer durch klar definierte Prozesse,

- Effektivität,

- Beschleunigung des SDLC-Prozesses durch planvolles und zielgerichtetes Vorgehen,

- Transparenz,

- Wirtschaftlichkeit und Effizienz,

- Optimierung der Wettbewerbsdimensionen Zeit, Qualität und Kosten,

- Wissenserhaltung,

- kontinuierliche Verständigung durch Kommunikation,

- Aufrechterhaltung von Entscheidungen bei unveränderten Rahmenbedingungen,

- Mitarbeiterzufriedenheit.

Betriebliche Informationssysteme werden zur Lenkung der betrieblichen Leistungserstellung oder zur Erstellung von Dienstleistungen eingesetzt. Als maschinelle Aufgabenträger müssen sie bestimmte Informationsverarbeitungs-Aufgaben erfüllen.

„Wesentliche Aufgabe und Zielsetzung des Anforderungsmanagements ist es, die aus diesen Aufgabenstellungen resultierenden Anforderungen an das System zu spezifizieren und an Veränderungen des Anwendungsbereichs anzupassen." [Schi01, S. 18]

Dazu muss in erster Linie die Aufgaben-/Problemstellung genau bekannt sein, damit eine geeignete Lösung entwickelt werden kann. Entscheidend ist, in welchem Maße die Kundenanforderungen erfüllt werden (nähere Ausführungen hierzu finden sich im Kapitel 4.3 - Anforderungen nach Kano). Die Auswirkungen der Lösungsmöglichkeiten müssen genauestens analysiert werden, um die richtigen Entscheidungen treffen zu können. Ungewollte Seiteneffekte sind zu verhindern, Inkonsistenzen aufzulösen, Aufwandstreiber nach Möglichkeit zu eliminieren.

Zwischen allen Beteiligten (im Wesentlichen Auftraggeber und Auftragnehmer) muss ein einheitliches Verständnis über das zu entwickelnde System herbeigeführt werden. Mögliche Interessenskonflikte gilt es frühzeitig zu erkennen und aufzulösen. Getroffene Vereinbarungen müssen dokumentiert und sollten danach grundsätzlich nicht mehr in Frage gestellt werden.

Nachdem die Anforderungen an das System idealerweise nach vorgegebenen Qualitätskriterien (siehe Kapitel 5 - Anforderungsqualität) spezifiziert sind, muss deren Umsetzung zielgerichtet gesteuert und nachgehalten werden. Die Anforderungen müssen dazu koordiniert an die zuständigen Verantwortlichkeiten adressiert werden. Das erfordert verbindliche, klar definierte (messbare) an der Unternehmensstrategie ausgerichtete Prozesse an Stelle informeller Strukturen auf Basis persönlicher Beziehungen.

Das ökonomische Ziel der Wirtschaftlichkeit kann nur durch planvolles Vorgehen im Umsetzungsprozess erreicht werden. Hierzu bedarf es einer konsequenten und klaren Prioritätensetzung unter Einbeziehung der relevanten Stakeholder.

Entscheidungskriterien zur Priorisierung von Anforderungen sind:

Wichtigkeit
•rechtliche Verpflichtung •Dringlichkeit •in Bezug auf die Akzeptanz des Systems •in Bezug auf die Gestalt der Systemarchitektur •strategische Bedeutung •in Bezug auf Abhängigkeitsbeziehungen zu anderen Anforderungen

Kosten
•finanzielle Ressourcen •Wiederverwendungsmöglichkeiten

Schaden
•entstehende(r) Nachteile oder Schaden, wenn eine Anforderung nicht umgesetzt wird •Vertragsstrafen •Prestigeverluste

Zeitdauer
•zeitliche Ressourcen

Risiko
•Eintrittswahrscheinlichkeit und Schadensumfang bei Eintreten des Risikos, das mit der Anforderung einhergeht

Volatilität
•Wahrscheinlichkeit, dass sich die Anforderung noch im Verlauf des bzw. im Lebenszyklus des Systems verändert.

Tab. 1: Entscheidungskriterien zur Priorisierung von Anforderungen (vgl. [Pohl07], S. 528f.)

Neben der wirtschaftlichen Umsetzung von Anforderungen sind Transparenz und kontinuierliche Verständigung durch Kommunikation im Umsetzungsprozess von hoher Bedeutung.

Nicht unerwähnt soll der Aspekt der Mitarbeiterzufriedenheit bleiben. Diese wird dadurch erreicht, dass passgenaue Lösungen entwickelt werden, die eine hohe Akzeptanz des neuen Systems erwarten lassen und so zum Erfolg für alle Beteiligten werden.

4 Klassifizierung von Anforderungen

4.1 Klassische Sichtweise

Durch das Anforderungsmanagement soll die Frage beantwortet werden, was genau in welcher Qualität entwickelt werden soll.

Anforderungen können nach den geforderten Eigenschaften klassifiziert werden. Die als klassische Sichtweise bezeichnete Differenzierung bezieht sich die Unterscheidung von funktionalen und nicht-funktionalen Anforderungen.

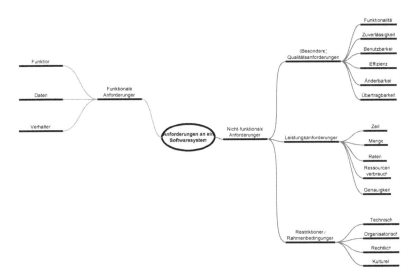

Abbildung 1: Traditionelle Klassifizierung von Anforderungen

4.1.1 Funktionale Anforderungen

„Eine Funktion beschreibt eine Tätigkeit oder eine klar umrissene Aufgabe innerhalb eines größeren Zusammenhangs." [Balz96, S. 116]

Funktionale Anforderungen entstehen aus einer fachlichen Motivation und spezifizieren die Funktionen und das Verhalten des geplanten Systems. Klassisch werden die drei Perspektiven Funktionssicht, Datensicht und Prozesssicht unterschieden. Sie beschreiben, was in einem Softwaresystem gemacht wird.

- *Funktionssicht:*

  Die Funktionssicht beschreibt die Transformation der Daten von der Eingabe über die maschinelle Informationsverarbeitung bis zur Datenausgabe.

- *Verhaltenssicht:*

  Die Verhaltenssicht beschreibt die Systemabläufe. Hier wird definiert, welche Aktionen, welche Systemreaktionen auslösen. Hierzu zählen z.B. Zustände und (erlaubte) Zustandsübergänge

- *Datensicht:*

  Die Datensicht ist die inhaltliche Ausgestaltung der Informationsobjekte sowie die Beziehungen zwischen den Informationsobjekten (Struktur).

Die funktionalen Anforderungen erfahren in der Regel die größere Aufmerksamkeit im Softwareentwicklungsprozess. Sie sind zugegebenermaßen einfacher zu definieren als Qualitätsanforderungen. Ein Softwareentwicklungsprozess, der dem Entwicklerteam viel Freiraum für Kreativität einräumt, eröffnet einerseits Chancen, indem dem Kunden zusätzliche Features als Begeisterungsfaktoren angeboten werden können, andererseits besteht aber auch die Gefahr, dass hier Schaden durch eine falsche Prioritätensetzung oder durch „Function-Overhead" bzw. „Gold Plating" entsteht. Optionen sind genau zu hinterfragen. Die Entscheidungen sollten in jedem Fall bewusst vor dem Hintergrund getroffen werden, ob freie Kapazitäten z.b. sinnvoller für andere wichtigere Anforderungen (noch nicht realisierte aber spezifizierte funktionale Anforderungen oder Qualitätsanforderungen, wie z.b. Maßnahmen, die die Wartbarkeit verbessern) zu nutzen sind. Im Entscheidungsprozess ist zu prüfen, wie stark die zusätzlichen Funktionen voraussichtlich genutzt werden, welchen Wartungsaufwand sie ggf. neben den zusätzlichen Entwicklungskosten erzeugen und wie sie die übrigen Funktionen beeinflussen.

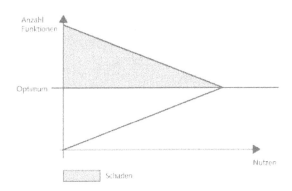

Abbildung 2: Durch Function-Overhead verursachter Schaden [BöFu+02, S. 459]

4.1.2 Nichtfunktionale Anforderungen

Anforderungen an ein System, die nicht unter die funktionalen Anforderungen fallen, sind nicht-funktional. Sie beschreiben z.b. besondere Qualitätsanforderungen, Leistungsanforderungen oder Restriktionen/Rahmenbedingungen. Nicht-funktionale Anforderungen beschreiben die Art und Weise der Umsetzung der geforderten Funktionalität. Der Erfüllungsgrad der meisten nicht-funktionalen Anforderungen ist schwer messbar. Um zu vermeiden, dass ein Interpretationsspielraum entsteht, müssen diese Anforderungen operationalisiert werden. Die nicht-funktionalen Anforderungen werden im Ergebnis konkretisiert. Leistungsanforderungen werden dazu quantitativ mit entsprechenden Werten als Vorgaben definiert. Nicht immer kann die Erfüllung einer nicht-funktionalen Anforderung direkt gemessen werden. Die Operationalisierung kann in diesen Fällen mittels geeigneten indirekten Indikatoren erfolgen. Nicht-funktionale Anforderungen haben zum Teil erheblichen Einfluss auf die Systementwicklung und spielen damit eine gewichtige Rolle im Anforderungsmanagementprozess.

4.1.2.1 (Besondere) Qualitätsanforderungen

Qualitätsanforderungen definieren qualitative Eigenschaften. Sie können sich auf einzelne funktionale Anforderungen oder auch auf das gesamte System beziehen. Im Allgemeinen beziehen sie sich jedoch nicht auf Prozesse oder Personen. Als Qualitätskriterien lassen sich die in der Norm DIN EN ISO66272 definierten Qualitätsmerkmale und auch deren Teilmerkmale anwenden.

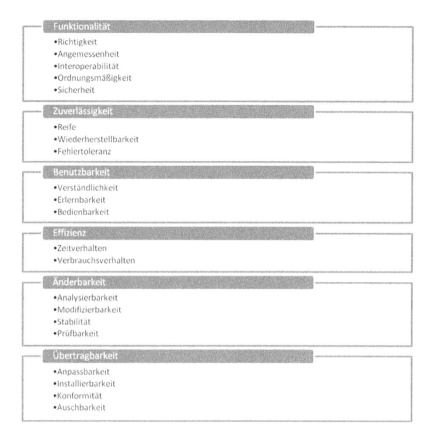

Abbildung 3: Qualitätsmodell nach DIN EN ISO 66272 (vgl.[DIN04, S. 310f.])

Im Folgenden werden für ausgewählte Qualitätskriterien wichtige Aspekte herausgearbeitet.

4.1.2.1.1 Interoperabilität

Interoperabilität bezeichnet die Fähigkeit unabhängiger heterogener Systeme zur herstellerunabhängigen Zusammenarbeit auf Anwendungsebene. Aufgrund der zunehmenden Vernetzung von IT-Systemen über die Unternehmensgrenzen hinweg, gewinnt dieser Aspekt zunehmend an Bedeutung. Der Datenaustausch muss reibungslos, medienbruchfrei, vom Hersteller und vom technischen Umfeld unabhängig erfolgen. Interoperabilität wird durch konsequente Nutzung offener Standards erreicht, d.h. durch Verwendung von hersteller- und produktunabhängigen technischen Standards, die öffentlich verfügbar und von jedem einsetzbar sind. Vorgaben dieser Art können auch als Rahmenbedingung definiert werden.

4.1.2.1.2 Sicherheit

Wenn personenbezogene Daten verarbeitet werden, ist der Rahmen für die Sicherheitsanforderungen gesetzlich normiert. Unabhängig davon sind aber auch nicht-personenbezogene Daten schützenswert. Klassische Anforderungen an die Sicherheit umfassen die Aspekte Vertraulichkeit, Verbindlichkeit, Authentizität und Integrität. Sicherheit in heterogenen IT-Systemen zu gewährleisten, bedeutet hohe Komplexität.

	Risiko	Maßnahme
Vertraulichkeit	Unberechtigter Zugriff	Verschlüsselungsverfahren …
Verbindlichkeit	Manipulation der Identität	Elektronische Signatur, Zertifikate …
Authentizität	Fälschung der Identität	PIN, Passwort, Zertifikat …
Integrität	Unberechtigte Manipulation der Daten	Prüfsummen, Hash-Verfahren…

Tab. 2: Sicherheitsanforderungen

Auf zukünftige Anforderungen in diesem Bereich sind eingebettete PKI-Infrastrukturen ausgerichtet. Diese müssen bereits im Design des Systems berücksichtigt werden. Ansonsten kann es zu Einbußen beim erreichbaren Sicherheitsniveau kommen. Neue Lösungen müssen ggf. an bereits existierende PKI-Systeme angebunden werden.

4.1.2.1.3 Bedienbarkeit

Gerade in heterogenen Anwendungslandschaften sind einheitliche und durchgängige Bedienkonzepte von zentraler Bedeutung, nicht nur für die leichte Erlernbarkeit. Vielschichtige Prozesse und höchste Ansprüche an die Funktionalität von IT-Systemen erfordern Lösungen, die das immer Komplexere immer einfacher machen. Ziel ist die Bereitstellung eines benutzerfreundlichen Human Machine Interface (HMI). Diesen Herausforderungen gilt es zu lösen. Usabillity (Gebrauchstauglichkeit) hat das Potenzial, die Kundenzufriedenheit zu erhöhen. Daneben können Einsparpotentiale durch Produktivitätsverbesserungen generiert werden. Im Blickpunkt von HMI steht nicht nur die intelligente Benutzerführung über eine Mensch-Maschine-Schnittstelle in grafischer Form (GUI). Ein Beispiel für künftige Herausforderungen sind Eye-Tracking Systeme als HMI, die in der Marktforschung oder in der Fahrzeugtechnik zum Einsatz kommen.

4.1.2.1.4 Zuverlässigkeit

Ungeplante Systemausfälle werden in der Hauptursache durch Software verursacht und können enorme ökonomische Folgen haben. Mit steigender Komplexität erhöht sich das Risiko von Mängeln an der Softwarezuverlässigkeit. Zuverlässigkeit bezeichnet die Fähigkeit eines Systems, über eine bestimmte Zeitspanne hinweg seine geforderte Funktion in korrekter Form bereitzustellen. Wichtige Aspekte hierbei sind die Robustheit und die Wiederherstellbarkeit. Anforderungen zur Robustheit spezifizieren das Systemverhalten in Fehlersituationen. Anforderungen zur Wiederherstellbarkeit definieren die Fähigkeit, die Bereitstellung zu dem Punkt wiederherzustellen, zu dem ein Ausfall erfolgt ist. Die Fähigkeit zum schnellen Wiederherstellen erfordert nicht nur die Verfügbarkeit aktueller Datensicherungen. Vielmehr muss auch ein vordefinierter Sicherungs- und Wiederherstellungsplan vorhanden sein, um diese Daten schnell und wirksam wiederherstellen zu können.

4.1.2.1.5 Verfügbarkeit

Als Systemverfügbarkeit wird die Zeitspanne quantifiziert, wie lange das System für die operationale Nutzbarkeit innerhalb eines vereinbarten Zeitrahmens erreichbar sein soll. Für einen geschäftskritischen Einsatz muss die Umgebung mit hoher Verfügbarkeit ausgelegt sein. Betriebsunterbrechungen müssen in solchen Fällen auf ein Minimum reduziert werden. Die Verfügbarkeit hat je nach Erfordernis große Auswirkungen auf die Anforderungen bezüglich Zuverlässigkeit und Wartbarkeit.

4.1.2.1.6 Änderbarkeit

Änderungen am System sind unumgänglich. Besonders Anwendungen, die von einer großen Anzahl von Benutzern eingesetzt werden, sind vielen Änderungswünschen ausgesetzt, die weder planbar noch vorhersagbar sind. Die Änderbarkeit beschreibt Anpassungsfähigkeit eines Systems an neue Anforderungen und den damit verbundenen Aufwand. Die Kosten für die Änderungen der Software in der Nutzungsphase des Sofware-Lebenszyklus sind abhängig von der Änderungshäufigkeit und von der Flexibilität oder Anpassbarkeit des Systems und können erheblich sein. Neben den in der Norm DIN 66272 genannten Teilmerkmalen spielt auch die Nachvollziehbarkeit (engl. traceability) von Anforderungen eine nennenswerte Rolle. Abhängigkeiten zwischen mehreren Artefakten und auch den Artefakttypen werden schneller sichtbar. So können Abhängigkeiten von Anforderungen, die in zeitlichem oder inhaltlichem Kontext stehen auf einfache Weise identifiziert werden. Ebenso verhält es sich mit den von der Änderung betroffenen Artefakttypen (z.B. Dokumentationen, Quellcode, Testfälle, etc.).

4.1.2.2 Leistungsanforderungen

Leistungsanforderungen beziehen sich auf die geforderten Leistungsmerkmale. Sie definieren zeitliche Schranken und skizzieren erwartete Mengengerüste. Wichtige Aspekte sind z.b. das geforderte Antwortzeitverhalten, das erwartete Datenvolumen, oder die Anzahl der Benutzer, die voraussichtlich gleichzeitig mit dem System arbeiten werden. Leistungsanforderungen beeinflussen die System-Architektur maßgeblich. Zugleich haben diese Anforderungen großen Einfluss auf die Kundenzufriedenheit, da die Benutzer die Qualität eines Systems u.a. nach der wahrgenommenen Performanz beurteilen.

4.1.2.3 Restriktionen/Rahmenbedingungen

Rahmenbedingungen stellen Restriktionen dar, die den Lösungsraum mehr oder weniger stark einschränken. Sie geben klare Grenzen vor und können normalerweise nicht oder nur schwer verändert werden. Rahmenbedingungen können intern und extern vorgegeben sein.

Tab. 3: Rahmenbedingungen

Rahmenbedingungen können für das zu entwickelnde Produkt gelten, aber auch für den Entwicklungsprozess. Rahmenbedingungen als Anforderung haben zwar eine einschränkende Wirkung, leisten jedoch auch einen Beitrag zur Fehlervermeidung.

4.2 Ansatz nach Pohl

An dieser Stelle sei erwähnt, dass die klassische Differenzierung zwischen funktionalen und nicht-funktionalen Anforderungen künftig zu überdenken ist. Dabei soll nicht ein völlig neuer Ansatz zum Tragen kommen. Vielmehr geht es um eine Präzisierung der klassischen Differenzierung zwischen funktionalen und nicht-funktionalen Anforderungen. Bei näherer Betrachtung kann diese zu Abgrenzungs- und Klassifikationsproblemen führen. Pohl rät stattdessen zu einer Unterscheidung folgender Anforderungsarten:

- Funktionale Anforderungen

- Qualitätsanforderungen

- Rahmenbedingungen

(vgl. [Pohl07, S. 14-20]).

Nach Pohls Auffassung, welche auch in dieser Arbeit vertreten wird, lässt sich die Klasse der nicht-funktionalen Anforderungen unterteilen in unterspezifizierte funktionale Anforderungen und in Qualitätsanforderungen. Unterspezifizierte funktionale Anforderungen lassen sich nach seinen Ausführungen bei entsprechender Detaillierung in funktionale Anforderungen bzw. ggf. in Qualitätsanforderungen überführen.

Die Frage der Klassifizierung von Anforderungsarten ist nicht nur akademischer Natur. In der Praxis führen gerade die von Pohl fokussierten Unschärfen zu Problemen. Unterspezifizierungen im Bereich der nicht-funktionalen Anforderungen können fatale Auswirkungen haben, wenn Unterspezifizierungen zu spät als solche erkannt werden. Eine späte Detaillierung führt dann zu Problemen, wenn die System-Architektur nicht entsprechend des Bedarfs ausgelegt ist. Ein Beispiel hierfür sind Echtzeitanforderungen. Zudem eröffnen Unterspezifikationen generell einen Interpretationsspielraum. Vollständige Spezifikationen erlauben eine sichere Planung, erhöhen die Produktivität und verringern das Risiko potentieller Streitigkeiten zwischen Auftraggeber und Auftragnehmer.

Die vorgeschlagene Klassifizierung kann dazu genutzt werden, Anforderungsdokumenten eine grobe Struktur zu geben.

4.3 Anforderungen nach Kano

Das Ziel des Schaffens von erfolgreichen Produkten kann nur erreicht werden, wenn dem Kunden eine als attraktiv empfundene Lösung geboten werden kann. Die Kundenzufriedenheit wird seit Jahren zu einer wesentlichen Zielgröße auf Käufermärkten gerechnet. Sie bildet die Grundlage für eine dauerhafte Kundenbindung. Für das Anforderungsmanagement ist es daher elementar, die Kundenzufriedenheit im Blickfeld zu behalten und als Steuerungsgröße zu berücksichtigen. Um gezielt auf die Kundenzufriedenheit einwirken zu können, ist es entscheidend, Kenntnis über die Erwartungen der Kunden zu haben. Mittels des Kano-Modells lassen sich Kundenanforderungen strukturieren und deren Einfluss auf die Zufriedenheit bestimmen.

Kano unterscheidet in seinem Modell drei Klassen von Kundenanforderungen:

Abbildung 4: Anforderungen nach Kano (in Anlehnung an die Maslowsche Bedürfnispyramide)

- **Basisanforderungen**

  Diese umfassen alle wesentlichen Erwartungen des Kunden, deren Erfüllung dieser als selbstverständlich voraussetzt und deshalb in der Regel auch nicht explizit formuliert. Die Erfüllung von Basisanforderungen führt nicht zu einer Kundenzufriedenheit, während die Nichterfüllung eine hohe Unzufriedenheit beim Kunden auslösen würde.

- **Leistungsanforderungen**

Diese Klasse der Kundenanforderungen wird nicht als selbstverständlich angenommen, sondern bewusst gewünscht. Die Zufriedenheit der Kunden verhält sich bei diesen Anforderungen proportional zur Erfüllung und die Unzufriedenheit proportional zur Nicht-Erfüllung. Damit entsprechen Leistungsanforderungen einem linearen Zusammenhangsmuster. Der Erfüllungsgrad beeinflusst in hohem Maße die Position im Wettbewerb.

- **Begeisterungsanforderungen**

Begeisterungsanforderungen sind jene Eigenschaften eines Produktes, die in der Lage sind, beim Kunden Begeisterung auszulösen. Sie werden nicht explizit erwartet. Mit der Erfüllung von Begeisterungsfaktoren kann sich jedoch ein Anbieter von seinen Mitbewerbern besonders abheben. Sie lassen ein Produkt innovativ erscheinen. Das Nichtvorhandensein von Begeisterungsfaktoren löst keine Unzufriedenheit aus.

Die Zusammenhänge sind in der nachfolgenden Abbildung visualisiert:

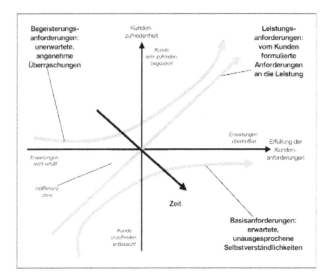

Abbildung 5: Anforderungsarten im Kano-Modell [KaBr05, S. 127]

Es gilt zu beachten, dass das Kano-Modell eine zeitliche Dynamik besitzt. Besonders die Begeisterungsfaktoren sind davon stark betroffen. Sobald eine gewisse Verbreitung gegeben ist, werden sie nur mehr als Leistungsfaktoren wahrgenommen. Ebenso sind heutige Leistungsanforderungen an ein Produkt, die Basisanforderungen von morgen. Weiterhin müssen bei der Klassifizierung auch Unterschiede in den Kundensegmenten beachtet werden.

Eine wichtige Erkenntnis, die aus dem Kano-Modell gewonnen werden kann, ist die enorme Bedeutung von Begeisterungsfaktoren. Die Herausforderung liegt im Aufspüren dieser Faktoren. Abhängig von der Innovationskraft eines Unternehmens bietet sich diesem die Chance von zeitlich begrenzten Wettbewerbsvorteilen oder gar die Erschließung gänzlich neuer Märkte. Vor diesem Hintergrund wird eine **kooperative Wertschöpfung** zwischen den unternehmerischen Disziplinen des Anforderungsmanagements, des Innovationsmanagements und des Marketings empfohlen.

5   Anforderungsqualität

Anforderungen sind die Basis für alle weiteren Tätigkeiten im Softwareentwicklungsprozess und schlagen sich bis zu den Endergebnissen[1] durch. Dementsprechend haben sie erheblichen Einfluss auf den Projekterfolg, insbesondere auf die Qualität der Projektergebnisse und die Einhaltung der Termin- und Zeitvorgaben sowie des Kostenrahmens. Die möglichen Auswirkungen mangelnder Anforderungsqualität liegen auf der Hand. Die Anforderungsqualität wird zum einen durch die Qualität der einzelnen Anforderungen und zum anderen durch die Qualität der Anforderungsdokumente bestimmt.

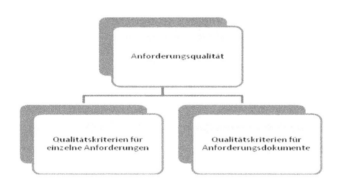

Abbildung 6: Anforderungsqualität

5.1   Qualitätskriterien für einzelne Anforderungen

Die Merkmale guter Anforderungen werden im IEEE Standard 830-1998 (vgl.[IEEE830]) mit acht Eigenschaften beschrieben. Die meisten Autoren schlagen ähnliche Kriterien vor (vgl. [Balz96, S. 94f.]; [Pohl07, S. 222f.]; [Rupp07, S. 27-30];

---

[1] Hier wurde bewusst der Plural gewählt, da im Rahmen dieser Arbeit zu den Projektergebnissen das realisierte System inkl. der sonstigen gelieferten Artefakte gezählt wird.

[Schi01, S. 176-183]). In Anlehnung an die genannten Arbeiten werden die wichtigsten Qualitätskriterien nachstehend aufgeführt und erläutert:

- **Korrektheit**

  Eine Anforderung ist korrekt, wenn sie vollständig und in richtiger Weise den Bedarf der relevanten Stakeholder wiedergibt.

- **Eindeutigkeit**

  Eindeutigkeit ist gegeben, wenn die Anforderung präzise und ohne Interpretationsspielraum beschrieben ist.

- **Vollständigkeit**

  Die Anforderung ist vollständig, wenn sie komplett spezifiziert ist. Das fertige Produkt muss dem Benutzer alle benötigten Informationen und Funktionen zur Verfügung stellen.

- **Konsistenz**

  Eine konsistente Anforderung ist in sich und gegenüber den anderen Anforderungen widerspruchsfrei.

- **Rangierung nach Wichtigkeit und/oder Stabilität**

  Die Anforderung ist nach Kriterien, wie Notwendigkeit, Wichtigkeit, Dringlichkeit und/oder Stabilität bewertet.

- **Prüfbarkeit**

  Eine Anforderung ist prüfbar, wenn die Erfüllung objektiv verifizierbar ist.

- **Verfolgbarkeit/Traceability**

Verfolgbar ist eine Anforderung, wenn sie eindeutig identifizierbar ist. Die eindeutige Identifizierung erfolgt in der Regel in Verbindung mit dem eindeutigen Bezeichner des Anforderungsdokuments. Eine Anforderung muss zu ihrem Ursprung zurückverfolgt werden können. Darüber hinaus muss die Referenzierbarkeit zu den Artefakten gegeben sein, die im Projektverlauf nachgelagert erstellt werden (z.B. Implementierung oder Testfälle).

- **Lösungsneutralität**

Die Anforderung soll grundsätzlich keine Hinweise auf die technische Umsetzung formulieren. Eine Ausnahme können z.b. zu beachtende technische Rahmenbedingungen bilden. Eine gute Anforderung abstrahiert auf die fachliche Essenz. Für die Essenzbildung sprechen mehrere Aspekte. Zum einen kann das mit der Umsetzung betraute Team am Besten beurteilen, wie die Lösung technisch zu realisieren ist. Hier spielen Aspekte, wie z.B. das im Umsetzungsteam vorhandene Know-how (Werkzeugkenntnisse, Programmier- und Skriptsprachen, etc.) eine Rolle. Zum anderen wird der Lösungsraum durch die Vorwegnahme technologischer Entscheidungen unnötig eingeschränkt. So könnte es sein, dass modernere technische Lösungen unbeachtet bleiben müssen. Weiter bietet die Essenzbildung den Vorteil, dass sie eine hohe Stabilität aufweist, da Anforderungen auch nach einem technologischen Fortschritt gültig bleiben.

- **Verständlichkeit**

Die Spezifikation einer Anforderung muss für alle Stakeholder verstehbar sein.

- **Realisierbarkeit**

Eine Anforderung muss mit den verfügbaren Mitteln und Werkzeugen umsetzbar sein.

- **Atomarität**

Eine atomare Anforderung ist dadurch gekennzeichnet, dass sie nicht weiter untergliedert werden kann.

- **Aktualität**

Eine Anforderung muss zum aktuellen Zeitpunkt gültig sein. Aktualisierungen/Änderungen sind nachvollziehbar unter Angabe des Grundes zu dokumentieren.

- **Geltung**

Jede Anforderung muss abgestimmt sein und von allen Beteiligten/Betroffenen getragen werden. U.a. muss die Anforderung auch der IT-Strategie des Unternehmens entsprechen.

5.2 Qualitätskriterien für Anforderungsdokumente

In einem Anforderungsdokument werden die Anforderungen spezifiziert. Anforderungsdokumente dienen als Kommunikationsmedium und bilden den Ausgangspunkt für die Umsetzungsaktivitäten. Das Anforderungsdokument muss die verschiedenen Interessen und Sichtweisen unterschiedlicher Benutzergruppen widerspiegeln:

- dem Kunden dient das Anforderungsdokument zur Überprüfung, ob seine Anforderungen richtig verstanden wurden,

- dem IT-Dienstleister dient das Anforderungsdokument als Grundlage für die Angebotserstellung, die Planung des Entwicklungsprozesses, den Entwurf, die Implementierung, die Testfallerstellung und vieles mehr,

- dem Anforderungsmanagement zu Dokumentationszwecken

(vgl. [SoSa97, S. 38f.]).

Das Fundament eines guten Anforderungsdokuments bilden die Anforderungen, die idealerweise vorgenannten Qualitätskriterien entsprechen. Darüber hinaus muss das Anforderungsdokument weitere übergreifende Qualitätsmerkmale erfüllen. In der Frage, welchen Kriterien ein Anforderungsdokument genügen muss, gibt es in der Literatur, wie bei den Qualitätskriterien einzelner Anforderungen, in weiten Teilen ähnliche Ansichten (vgl. [Pohl07, S.236-238]; [Rupp07, S.31-34]; [Schi01, S.183-185]). Nachstehend werden die wichtigsten Qualitätskriterien für Anforderungsdokumente in Anlehnung an die genannten Arbeiten aufgeführt und erläutert:

Strukturiertheit

Ein guter Aufbau eines Anforderungsdokuments dient dazu, dass die benötigten Informationen schnell aufgefunden werden können. Klare Strukturen tragen zur Übersichtlichkeit und guten Lesbarkeit bei. Im Sinne einer unternehmenseinheitlichen Gliederung empfiehlt es sich, Templates zu verwenden. Templates, die wie eine Checkliste abgearbeitet werden, unterstützen zudem das Merkmal der Vollständigkeit. Beispiele für Makro-Templates sind Volere, IEEE 830, proprietäre Erweiterungen etc.

- **Vollständigkeit**

In einem Anforderungsdokument müssen alle relevanten Anforderungen vollständig spezifiziert sein.

- **Aktualität**

Ein Anforderungsdokument muss zum aktuellen Zeitpunkt gültig sein. Aktualisierungen/Änderungen sind nachvollziehbar unter Angabe des Grundes in der Dokumenthistorie zu dokumentieren.

- **Konsistenz**

Die Konsistenz eines Anforderungsdokuments sollte gegeben sein, sofern die das gleich lautende Qualitätsmerkmal der einzelnen Anforderungen erfüllt ist.

Inkonsistenzen liegen vor, wenn

- ein gleicher Sachverhalt mit unterschiedlicher Terminologie beschrieben ist oder wenn

- Anforderungen in logischem Konflikt zueinander stehen (Anforderungen widersprechen sich inhaltlich oder weisen einen zeitlich-logischen Defekt auf).

- **Ökonomische Spezifikation**

Ein Anforderungsdokument ist ökonomisch zu spezifizieren. Der Umfang natürlich sprachlicher Dokumentation sollte sich auf die wesentlichen Informationen beschränken. Ein Verlust an Wohlgeformtheit der Ausdrucksweise wird bewusst in Kauf genommen.

Eine natürlichsprachliche Dokumentation kann sinnvoll durch grafische Notationen in Form einer modellbasierten Dokumentation ergänzt werden. Die Verwendung der standardisierten Unified Modeling Language (UML) als Beschreibungsmittel bietet sich an. Eine Beschränkung auf ausgewählte Diagrammtypen ist sinnvoll.

Die Form der Spezifizierung (natürlichsprachlich oder modellbasiert) ist abhängig vom von Ihrer Aussagekraft in Bezug auf den zu beschreibenden Sachverhalt (nähere Ausführungen finden sich im Kapitel 6.2.1.6 - Anforderungen dokumentieren).

- **Verfolgbarkeit/Traceability**

Verfolgbar ist ein Anforderungsdokument, wenn es eindeutig identifizierbar ist. Dabei muss es zu seinem Ursprung zurückverfolgt werden können. Darüber hinaus muss die Referenzierbarkeit zu den Artefakten gegeben sein, die im Projektverlauf nachgelagert erstellt werden (z.b. Implementierung oder Testfälle).

- **Attributierung**

Mit Bedacht gewählte Attribute können das Management der Anforderungen unterstützen. Attribute, die für ein Anforderungsdokument in Betracht gezogen werden sollten sind:

- Identität,

- Priorität,

- Kritikalität,

- Zuständigkeitsmerkmal,

- Status im Prozess.

Die genannten Attribute ermöglichen den unterschiedlichen Stakeholdern einen schnellen ersten Überblick über das Dokument, ohne den konkreten Inhalt zu kennen. So ist auf einen Blick ersichtlich, wo aktuell die Zuständigkeit für die weitere Bearbeitung liegt und mit welcher Priorität das Dokument vom zuständigen Team zu behandeln ist. Anhand der Attribute lassen sich die Anforderungsdokumente sortieren. Daneben lassen sich bei Bedarf Zugriffsberechtigungen und Sichten steuern.

6 Haupttätigkeiten im Anforderungsmanagement

Die Haupttätigkeiten im Anforderungsmanagement (in Anlehnung an [Balz96, S. 112]; [Schi01, S. 33f.]) lassen sich in drei Steuerungstätigkeiten und sechs operative Tätigkeiten unterteilen:

Abbildung 7: Haupttätigkeiten im Anforderungsmanagement.

6.1 Steuerungstätigkeiten

6.1.1 Umsetzungs(-prozess-)management

Unter dem Begriff Umsetzungsmanagement werden alle Managementaktivitäten verstanden, die den Umsetzungsprozess zu einem systematischen und vorhersehbaren Prozess machen. Ziel ist es, die Realisierung von Anforderungen erfolgreich zu gestalten und das Zusammenspiel aller am Prozess Beteiligten so zu koordinieren, dass die Durchlaufzeiten möglichst kurz sind. Die Einhaltung eines strukturiert definierten Anforderungsmanagementprozesses ist verbindlich. Der Anforderungsmanagementprozess dient der wirtschaftlichen Realisierung der fachlichen Anforderungen. Er muss situativ angepasst, effektiv und effizient gestaltet sein. Voraussetzung hierfür ist die Durchgängigkeit des Wertschöpfungsprozesses. Über den Prozess wird sichergestellt, dass alle zuständigen Verantwortlichkeiten einbezogen werden. Der Anforderungsmanagementprozess erhöht die Transparenz, indem allen Beteiligten der Status der Anforderungsrealisierung, die Terminschiene und der

Ressourcenverbrauch zugänglich gemacht werden. Ein weiterer Teilaspekt des Umsetzungsmanagements ist das Management der Anforderungsartefakte.

6.1.2 Änderungsmanagement

In jedem Unternehmen unterliegen die eingesetzten Systeme Änderungsanforderungen. Der Systemkontext verändert sich dadurch über den gesamten Lebenszyklus der eingesetzten Systeme. Änderungsanforderungen können mehr oder weniger häufig und umfangreich sein. Ein übergreifendes Änderungsmanagement führt die Änderungsanforderungen dem geregelten und (zurück-)verfolgbaren Änderungsprozess, dem Anforderungsmanagementprozess, zu. Hauptaktivitäten dieser Managementdisziplin sind das Planen, die Steuerung und die Nachhaltung der Umsetzung der Änderungsanforderungen.

6.1.3 Risikomanagement

Das Risikomanagement ist Bestandteil einer Unternehmensstrategie. Risikomanagementaktivitäten begleiten den Anforderungsmanagementprozess. Ein Management von Risiken erfordert einen bewussten und proaktiven Umgang mit den von der Umsetzung von Anforderungen verbundenen Risiken, um das Eintreten derselben zu vermeiden. Das Risikomanagement besteht aus folgenden Aktivitäten:

- Identifizierung von Risiken,

- Analyse und Bewertung,

- Festlegung einer Risikostrategie,

- Überwachung.

6.2 Operative Tätigkeiten

Der Ablauf ist nicht sequentiell. Das Schema (Abbildung 7)kann der praktischen Durchführung nur bedingt Rechnung tragen. Bei größeren Vorhaben werden meist

Rücksprünge auf vorherige Phasen notwendig, wodurch ein iteratives Vorgehen erforderlich wird. Es sei darauf hingewiesen, dass sich einzelne Phasen durchaus überschneiden können. Eine Abgrenzung kann in der Praxis nicht derart trennscharf vorgenommen werden, wie es die obige Darstellung suggerieren mag.

6.2.1 Anforderungen erheben, analysieren und konsolidieren

6.2.1.1 Anforderungen erheben

Nachdem die Aufgaben-/Problemstellung bekannt ist, müssen die Anforderungen möglichst vollständig in dem erforderlichen Detaillierungsgrad erhoben werden. Dazu müssen in einem ersten Schritt alle Anforderungsquellen identifiziert werden. Nachdem alle relevanten Anforderungsquellen bekannt sind, können dort die Anforderungen ermittelt werden.

Häufig werden die Anforderungen von den Bedarfsträgern in Form von Lösungsansätzen ausgedrückt. Im Rahmen der Ermittlung der Anforderungen ist es wichtig, die hinter dem Lösungsansatz stehende Anforderung herauszuarbeiten. Wird darüber hinaus explizit ein bestimmter Lösungsweg eingefordert, so wird diese Anforderung als Randbedingung berücksichtigt. Alternative Lösungswege sollten ggf. trotzdem analysiert und bewertet werden. Bei der Anforderungserhebung ist das Bewusstsein über die verschiedenen Anforderungsarten nützlich und notwendig. Sie hilft, die notwendigen Informationen strukturiert zu ermitteln. Die Bewältigung dieser Aufgabe ist schwieriger als häufig gedacht wird.

Basisfaktoren (siehe Anforderungen nach Kano) werden von den Bedarfsträgern im Normalfall nicht benannt. Ihre automatische Berücksichtigung wird schlicht weg erwartet. Dieser Aspekt hat voraussichtlich dann Auswirkungen, wenn ein neuer IT-Dienstleister für die Realisierung beauftragt wird und die Basisfaktoren nicht spezifiziert sind. Hinsichtlich der Leistungsfaktoren empfiehlt sich eine Stärken-Schwächen- Analyse der eigenen Produkte. Zu ermitteln sind der dringendste Handlungsbedarf und die besten Chancen. Letztgenannte Aktivitäten sind in Form eines kontinuierlichen Prozesses zu etablieren. Bei den Begeisterungsfaktoren handelt es sich um Innovationen, die nicht abgefragt werden können, sondern entwickelt werden müssen.

Das Erheben der Anforderungen setzt ein gewisses Erfahrungswissen in der Softwareentwicklung voraussetzt. Entscheidend sind die richtigen Fragestellungen. Die Aussagen der Stakeholder sind systematisch zu Hinterfragen. Fehlende Informationen können anhand sprachlicher Effekte aufgespürt werden.

6.2.1.2 Sprachliche Analyse von Anforderungen

Der Ansatz der sprachlichen Analyse basiert auf der Erkenntnis, dass bei der zwischenmenschlichen Kommunikation Faktoren wie Wissen, Sozialisierung und Erfahrungen sowohl die sprachliche Darstellung (Darstellungstransformation) als auch ihre Wahrnehmung (Wahrnehmungstransformation) beeinflussen.

Rupp, Chris / SOPHIST GROUP hat in Ihrer Arbeit (vgl. [Rupp07]) eine Methode des Neurolinguistischen Programmierens (Abk.: NLP[2]) der Wissenschaften Linguistik und Psychologie auf den Prozess der Anforderungserhebung in die Informatik übertragen. Nachfolgend werden die drei Transformationskategorien Tilgung, Generalisierung und Verzerrung mit ihren sprachlichen Vertretern in enger Anlehnung an ihre Arbeit (vgl. [Rupp07], S. 140-166) betrachtet. Die Ausführungen hierzu werden auf das Wesentliche beschränkt.

Tilgung	Generalisierung	Verzerrung
•unvollständig spezifizierte Prozesswörter •unvollständige Vergleiche und Steigerungen •Modaloperatoren der Möglichkeit •Modaloperatoren der Notwendigkeit •implizite Annahmen	•Universalquantoren •unvollständig spezifizierte Bedingungen •Substantive ohne Bezugsindex	•Nominalisierungen •Funktionsverbgefüge

Abbildung 8: Transformationseffekte und ihre sprachlichen Vertreter [Rupp07, S. 146]

---

[2] NLP ist von den drei Begriffen Neuro (Nerven), Linguistik (Sprache) und Programmieren (... bezieht sich auf Verhaltensweisen und Gefühlsmuster – nicht auf das Programmieren i.S.v. codieren) abgeleitet.

6.2.1.2.1 Tilgung

Durch den Prozess der Tilgung werden Informationen reduziert. Der Prozess der Tilgung reduziert Komplexität, dadurch können jedoch wichtige Anforderungen verloren gehen.

- **Unvollständig spezifizierte Prozesswörter**

Prozesswörter sind Wörter, die einen Vorgang beschreiben. Sie können als Verben, Adjektive, Adverbien oder Substantive auftreten. Prozesswörter sind darauf zu untersuchen, ob sie vollständig erklärt sind. Wissenswerte fehlende Informationen sind zu ergänzen.

- **Unvollständige Vergleiche und Steigerungen**

Vergleiche und Steigerungen, wie „schneller" oder „leichter" benötigen einen Bezugspunkt, um vollständig angegeben zu sein. Daneben muss das anzuwendende Messkriterium angegeben sein.

- **Modaloperatoren der Möglichkeit**

Aussagen über geforderte Möglichkeiten und Unmöglichkeiten, wie „kann", „darf" oder „darf nicht" müssen dahingehend konkretisiert sein, wie der zugehörige Ablauf in der Geschäftslogik hinter dem geforderten Ergebnis ausgestaltet sein soll und wo die Zuständigkeiten gegeben sind.

- **Modaloperatoren der Notwendigkeit**

Gewünschte Funktionalitäten sind nicht ohne Modaloperatoren der Notwendigkeit zu beschreiben. Hierzu werden Begriffe, wie „müssen", „sollen", „sollte" oder „es ist notwendig" verwendet, um das Normalverhalten zu beschreiben. Diese Anforderungen sind darauf zu untersuchen, ob zusätzlich ein Ausnahmeverhalten angegeben werden muss. Dieses ist ggf. zu ergänzen.

- **Implizite Annahmen**

Grundlegende Aussagen, die wahr sein müssen, damit andere Aussagen einen Sinn ergeben werden nicht kommuniziert, weil sie als selbstverständlich angesehen werden. Die getilgte Information kann als implizite Annahme bezeichnet werden

6.2.1.2.2 Generalisierung

Die Generalisierung ist ein Prozess der Verallgemeinerung. Durch falsche Generalisierung können Details vernichtet werden.

- **Universalquantoren**

Universalquantoren sind Angaben über Häufigkeiten, wie „nie", „immer", „kein", „jeder", „alle", „irgendeiner" oder „nichts". Das Hinterfragen solcher Quantoren bezieht sich darauf, ob es auch Ausnahmefälle geben kann. Diese wären ggf. zusätzlich zu spezifizieren.

- **Unvollständig spezifizierte Bedingungen**

Diese Variante der Generalisierung ist aus Sicht des Autors in der Arbeit von Rupp, Chris / SOPHIST GROUP unterspezifiziert. Indikatoren für die Verallgemeinerung sind z.B. „wenn", „dann", „falls", „im Falle von" oder „abhängig von". An den Eintritt einer oder mehrerer Bedingungen wird ein bestimmtes Verhalten geknüpft.

Zu hinterfragen sind:

- die Vollständigkeit der spezifizierten Bedingungen,

- die Vollständigkeit des spezifizierten Verhaltens als Reaktion (Defaultverhalten?),

- das Verhalten, falls die Bedingung(en) nicht zutrifft/zutreffen,

- Kontrollstrukturen (Wiederholungs- und Verzweigungsstrukturen).

- **Substantive ohne Bezugsindex**

Substantive beschreiben Lebewesen, Gegenstände oder Begriffe. Zu untersuchen ist, ob die verwendeten Substantive näher eingegrenzt werden können. Eine eventuelle Quantifizierung es ebenfalls zu hinterfragen und ggf. zu konkretisieren.

6.2.1.2.3 Verzerrung

Die Verzerrung ist ein Prozess der Umgestaltung der Realität.

- **Nominalisierungen**

Eine Nominalisierung entsteht durch die Umformung eines Prozesswortes zu einem Ereigniswort (Substantiv) z.b. ausdrucken -> Ausdruck. Dadurch können wichtige Informationen über den dahinter stehenden Prozess verloren gegangen sein.

- **Funktionsverbgefüge**

Ein Funktionsverbgefüge entsteht durch die Kombination eines inhaltsarmen Verbs (wie „machen", „können", „haben", „sein") mit einem sinngebenden Substantiv. Hinter einem Funktionsverbgefüge kann ein unvollständig spezifiziertes Prozesswort verborgen sein.

6.2.1.3 Entwicklung innovativer Ideen

Die Bedeutung der Entwicklung innovativer Ideen wurde bereits im Kapitel 4.3 - Anforderungen nach Kano herausgearbeitet. Hier liegen die größten unternehmerischen Chancen.

Abträglich ist eine Unternehmenskultur, in der nichts bewegt werden kann. Das größte Problem ist, wenn Mitarbeiter bereits innerlich gekündigt haben. Diese werden kaum noch Innovationen hervorbringen.

Im Rahmen einer Studie im Auftrag der Akademie für Führungskräfte zur Innovationskraft der Wirtschaft (vgl. [Akad88]) wurden 246 Führungskräfte und deren Mitarbeiter verschiedener Branchen und Unternehmensgrößen aus Deutschland und Österreich zu den Umständen, die Innovationen im Betriebsalltag verhindern, befragt.

Das Ergebnis überrascht:

83 % der Führungskräfte nehmen sich oder geben ihren Mitarbeitern „[...]'keine Zeit, innovative Ideen reifen zu lassen'[...]" [Akad88]. Insgesamt wurden 21 Hürden für die Realisierung von Neuerungen identifiziert. Neben dem Zeitmangel sind das vor allem drei weitere Missstände:

- Mitarbeiter fühlen sich für die Entwicklung von Neuerungen in ihrem Bereich zu wenig verantwortlich (82 %),

- innovative Vorschläge werden viel zu langsam in die Tat umgesetzt (82 %),

- für innovative Arbeiten stellen die Unternehmensleitungen zu wenig Ressourcen zur Verfügung (79 %)

(vgl. [Akad88]).

Die Unternehmensführung kann die Innovationskraft durch das Schaffen eines Umfeldes fördern, in dem innovative Ideen entstehen können. Vor allem die Erweiterung von Handlungsspielräumen gehört dazu. Das Innovationspotenzial muss aktiviert werden, um die Möglichkeiten ausschöpfen zu können. Innovationskultur und ein gutes Innovationsmanagement sind die wesentlichen Treiber.

6.2.1.4 Auswirkungsanalyse

Gegenstand der Anforderungsanalyse ist u.a. die Analyse der Auswirkungen, die sich durch die Umsetzung einer oder mehrerer Anforderungen ergeben. Insbesondere können ungeplante Seiteneffekte fatale Auswirkungen haben. Die Betroffenheit von Schnittstellen und sonstige Abhängigkeitsbeziehungen von Anforderungen sind deshalb immer im Blick zu behalten. Aufwand und Nutzen einer Anforderung müssen in einem angemessenen Verhältnis zueinander stehen. Der Aufwand bezieht sich auf die Ressourcen, die eingesetzt werden müssen. Aufwandstreiber sind ggf. frühzeitig zu identifizieren und Lösungsalternativen aufzuzeigen. Zeitliche und terminliche Auswirkungen müssen ebenfalls berücksichtigt werden. Der Kundennutzen beeinflusst die Kundenzufriedenheit und damit die Position im Markt. Nicht zuletzt müssen die Auswirkungen auf die Wartung und den Betrieb des Systems beachtet werden.

„Die Analyse der Anforderungen reicht oft noch nicht aus, um eine ausreichend klare Vorstellung von dem zu entwickelnden Softwareprodukt zu erhalten". [Balz96, S. 95]

Balzert schlägt vor diesem Hintergrund folgende Methoden vor:

- Animation

- Simulation

- Ausführung

6.2.1.5 Anforderungen konsolidieren

Von einer Änderung sind in der Regel mehrere Stakeholder betroffen. Unterschiedliche Stakeholder vertreten regelmäßig auch unterschiedliche Interessen. Mit den unterschiedlichen Interessen entstehen verschiedene Gesichtspunkte. Mit den Stakeholdern, die von dem Vorhaben berührt sind, muss die Inhaltsdimension abgestimmt und Konsens über diese erzielt werden. Konflikte sollen ggf. frühzeitig erkannt und aufgelöst werden. Konflikte, die auf Arbeitsebene nicht verhandelt und aufgelöst werden können, sind der Entscheidung durch ein Eskalationsgremium zuzuführen. Die zu spezifizierende Inhaltsdimension ergibt sich durch die Konsolidierung der individuellen Sichten der relevanten Stakeholder. Durch dieses Vorgehen soll eine größtmögliche Akzeptanz erreicht werden.

6.2.1.6 Anforderungen dokumentieren

Die Anforderungsdokumentation dient der Nutzbarmachung der enthaltenen Informationen. Die konsolidierten Anforderungen müssen für die nachgelagerten Prozesse in geeigneter Form dokumentiert werden. Im Kapitel Qualitätskriterien für Anforderungsdokumente wurden bereits die Ansprüche, die an eine Anforderungsspezifikation gestellt werden festgehalten. Unter dem Stichpunkt „Ökonomische Spezifikation" wurden die beiden am weitesten verbreiteten Dokumentationsformen vorgestellt, nämlich die natürlichsprachliche und die modellbasierte Dokumentation. Es empfiehlt sich ein komplementärer Einsatz beider Dokumentationsformen. Durch den kombinierten Einsatz lassen sich die Vorteile beider Dokumentationsarten nutzen und gleichzeitig die jeweiligen Nachteile vermeiden. Beide Spezifikationsformen lassen sich fast beliebig kombinieren. Gewählt werden sollte die zur Darstellung des jeweiligen Sachverhalts am besten geeignete Dokumentationstechnik (Angemessenheit). Modelle bieten sich als Instrument zur Visualisierung komplexer Sachverhalte an. Sie sind weiterhin geeignet, einen natürlichsprachlich dokumentierten Sachverhalt zu detaillieren und zu präzisieren.

Umgekehrt kann ein Modell natürlichsprachlich beschrieben oder kommentiert werden. Beide Darstellungsformen können sinnvoll zur Informationsanreicherung eingesetzt werden. Redundanzen sollten allerdings vermieden werden.

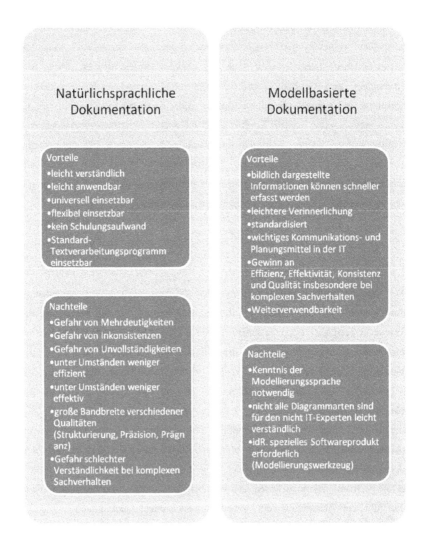

Abbildung 9: Natürlichsprachliche vs. modellbasierte Dokumentation

6.2.1.6.1 Natürlichsprachliche Dokumentation

Die natürliche Sprache ist bei der Dokumentation von Anforderungen unvermeidbar. Die Qualität und die Effizienz der Anforderungsdokumentation lassen sich deutlich erhöhen, wenn neben den Qualitätskriterien für einzelne Anforderungen und Anforderungsdokumente folgende Regeln (in Anlehnung an [Pohl07, S. 151-156]; [Rupp07, S. 227-243]; [Schi01, S. 188-194]) zusätzlich beachtet werden:

1. Anforderungen werden mit einer ID versehen.

2. Der Satzbau einer Anforderung basiert auf einem Beschreibungsmuster.

3. Anforderungsdokumente haben eine einheitliche Gliederung (Verwendung eines Templates) und unterliegen einem Versionsmanagement.

4. Die Formulierung einer Anforderung erfolgt in der Aktivform.

5. Die Formulierung einer Anforderung erfolgt in der Gegenwartsform.

6. Akteure werden konkret benannt.

7. Die einzelnen Schritte von Interaktionen die durch ein gemeinsames Sachziel verbunden sind, werden eindeutig nummeriert.

8. Wesentliche Fachbegriffe werden normiert und definiert.

9. Ein Prozesswort wird mit einem Verb bezeichnet und wird definiert.

10. Gegebene zeitliche und logische Bedingungen/Reaktionen werden angegeben. (Konjunktionen: „falls", „während", „nachdem", „sobald", „wenn", ... Logische Operatoren: „UND", „exklusives ODER", „inklusives ODER", ...)

Als praxistaugliche Beschreibungsmuster im Sinne der Regel Nr. 2 eigenen sich die nachfolgend vorgestellten „syntaktischen Anforderungsmuster" [Pohl07, S. 245f]:

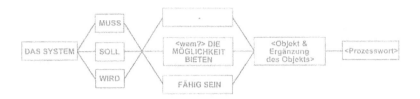

Abbildung 10: Anforderungsschablone ohne Bedingungen [Rupp07, S. 233]

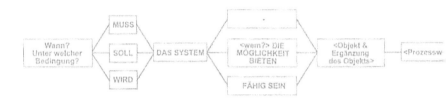

Abbildung 11: Anforderungsschablone inklusive Bedingungen [Rupp07, S. 234]

6.2.1.6.2 Modellbasierte Dokumentation

Ein Modell repräsentiert die reale Welt durch sein charakteristisches Verhalten (vgl. [Balz98,

S. 559]). Modelle ermöglichen die Formulierung von Algorithmen ohne Interpretationsspielraum. Eine der dominierenden standardisierten Sprachen für die Modellierung betrieblicher Anwendungssysteme ist die UML (vgl. [OOSE06]).

Die UML ist eine Entwicklung der Object Management Group (OMG), die sich mit der Entwicklung von Standards für die herstellerunabhängige systemübergreifende objektorientierte Programmierung beschäftigt. Sie stellt verschiedene Diagrammarten und eine Vielzahl von Konzepten und Modellbausteinen zur Verfügung, mit denen sich verschiedene Sichten auf ein Software-System beschreiben lassen. Vor dem Hintergrund, dass das Anforderungsdokument u.a. dem Kunden zur Überprüfung dient, ob seine Anforderungen richtig verstanden wurden, sollte die modellbasierte Dokumentation mittels leicht verständlicher Modelle erfolgen. Eine Auswahl geeigneter Diagrammtypen wird nachfolgend vorgestellt. Auf eine Beschreibung der

Notationselemente und der Notationsvorschriften wird im Rahmen dieser Arbeit verzichtet.

Anwendungsfalldiagramm (engl. use case diagram)

Anwendungsdiagramme eignen sich als Kommunikationsgrundlage zwischen den Stakeholdern. Neben der Abgrenzung des Systems gegenüber seiner Umwelt beschreiben Anwendungsfalldiagramme die Nutzungsszenarien eines Systems. Ein Nutzungsszenario wird als Anwendungsfall visualisiert. Ein Anwendungsfall beschreibt ein oder mehrere Szenarien der Systemnutzung durch einen Akteur. Anwendungsfälle und auch Akteure können untereinander in Beziehung stehen. Anwendungsfalldiagramme ermöglichen einen ersten Überblick über die zu realisierenden Funktionen.

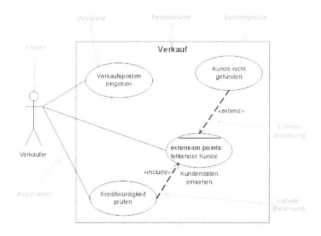

Abbildung 12: Beispiel eines Anwendungsfalldiagrammes [Rupp03, S. 34]

Aktivitätsdiagramm (engl. activity diagram)

Mit Hilfe von Aktivitätsdiagrammen lassen sich Abläufe jeglicher Art in einem System genau darstellen. In einem Aktivitätsdiagramm können Start- und Endpunkt(e), Verzweigungen, Bedingungen, Reihenfolgen, Zustände, parallele Abläufe und vieles mehr dargestellt werden.

48

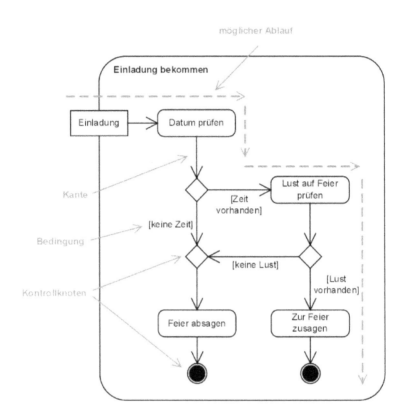

Abbildung 13: Beispiel eines Aktivitätsdiagrammes [Rupp03, S. 35]

Sequenzdiagramm (engl. sequence diagram)

Zur Veranschaulichung von zeitlichen Abfolgen zwischen zwei oder mehr Kommunikationspartnern eignen sich Sequenzdiagramme. Neben der nachrichtenbasierten Interaktion können der Lebenszeitraum der Objekte und Nebenläufigkeiten dargestellt werden.

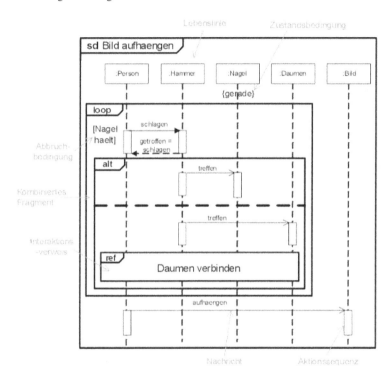

Abbildung 14: Beispiel eines Sequenzdiagrammes [Rupp03, S. 44]

Zustandsdiagramm (engl. state machine diagram)

Mit einem Zustandsdiagramm können objektbezogene Zustände sowie die Übergänge zwischen diesen Zuständen dargestellt werden, wenn das Verhalten ereignisgesteuert ist.

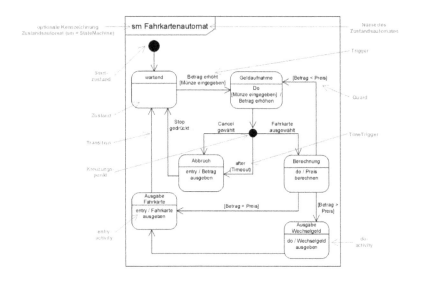

Abbildung 15: Beispiel eines Zustandsdiagrammes [Rupp03, S. 39]

6.2.1.7 Anforderungen qualitätssichern

Der Qualitätsbegriff hat im Zeitablauf unterschiedliche Definitionen erfahren (vgl. [DIN EN ISO 8402:1995]; [DIN EN ISO 9000:2000]). Im Zuge der ersten Überarbeitung der 9000er-Normenreihe ist Qualität prozess- und kundenorientiert wie folgt definiert worden:

„Qualität ist der Grad, in dem ein Satz inhärenter Merkmale Anforderungen erfüllt." [NORM DIN EN ISO 9000:2005, S.18]

Vier Gründe sprechen für die Etablierung einer geeigneten Qualitätsstrategie:

1. Der Großteil von Fehlern entsteht in der Anforderungs- und Entwurfsphase.

2. Fehler pflanzen sich fort.

3. Gefunden werden die meisten Fehler erst in der Test- oder Betriebsphase.

4. Die Fehlerbeseitigungskosten steigen mit zunehmender Verweildauer exponentiell.

Um frühestmöglich Erkenntnisse über Abweichungen zu erhalten und ein Mindestmaß an Qualität sicherzustellen, bietet sich z.b. ein Quality-Gate Konzept an. Quality-Gates sind Meilensteine, bei denen anhand vorher definierter Erfüllungskriterien über die Freigabe des nächsten Projektprozesses entschieden wird. Anhand der Einführung von Quality Gates, die an den kritischen Prozessschritten festgelegt werden, können gegebenenfalls Prozessbarrieren genau analysiert werden. Quality Gates erhöhen die Prozesssicherheit bzw. -stabilität. Kritisch ist allerdings anzumerken, dass keine inhaltliche Qualitätsabsicherung stattfindet. Aus Sicht des Autors greift daher ein Quality-Gate- Konzept zur Absicherung der Anforderungsqualität nicht weit genug.

Empfohlen wird eine konsequent betriebene produktorientierte Qualitätsstrategie.

6.2.1.7.1 Qualitätssicherung von Anforderungsdokumenten

Eine solche Qualitätsstrategie bezieht wichtige Zwischenprodukte mit ein. Die Qualitätssicherung von Anforderungsdokumenten ist ein wichtiger Bestandteil.

Die Anforderungsqualität hat entscheidenden Einfluss auf die Qualität des Produktes und die Wirtschaftlichkeit der Software-Erstellung, wie bereits deutlich gemacht wurde.

„55% aller Fehler entstehen in der Anforderungs- und Entwurfsphase" [Balz98, S. 289]:

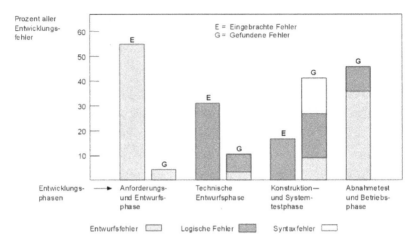

Abbildung 16: Einbringen und Entfernen von Fehlern [Balz98, S. 289]

Maßnahmen zur Qualitätssicherung der Anforderungsdokumente die, wie oben beschrieben, das Fundament für die nachgelagerten Tätigkeiten im Softwareentwicklungsprozess bilden, sind daher unumgänglich. Abhängig vom Entdeckungszeitpunkt steigen die Kosten der Fehlerbehebung aufgrund des Summationseffektes im Zeitverlauf signifikant.

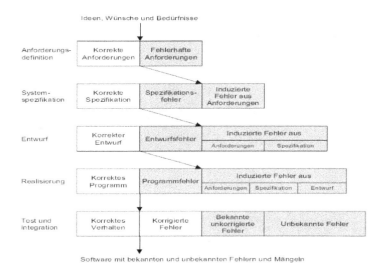

Abbildung 17: Summationseffekt von Fehlern und Mängeln /Mizumo 83/ [Balz98, S. 288]

„Besonders kritisch ist, dass 55 Prozent der Entwurfsfehler in der Definitionsphase gemacht werden, aber davon nur 5 Prozent am Ende der Phase gefunden und behoben werden. 35 Prozent der Fehler werden erst beim Abnahmetest oder in der Betriebsphase gefunden." [Balz98, S. 288] Kosten und Risiken in späteren Phasen können durch ein **frühzeitiges Aufdecken von Fehlern** in den Anforderungsdokumenten deutlich verringert werden, denn mit zunehmender Verweildauer eines Fehlers im Entwicklungsprozess steigen die Behebungskosten exponentiell an.

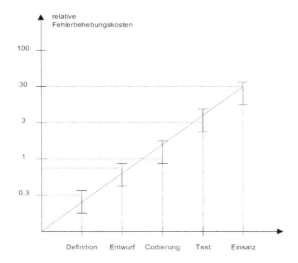

Abbildung 18: Relative Fehlerbehebungskosten nach Böhm [Boeh81]

Zudem steigt die Wahrscheinlichkeit, dass Fehler richtig korrigiert werden (vgl. [Balz98],
S. 288).

Qualitätssicherung kann grundsätzlich durch konstruktive und analytische Aktivitäten
erreicht werden. Maßnahmen der konstruktiven Qualitätssicherung fokussieren die
präventive Vermeidung von Fehlern (z.B. Gliederungsschema für ein
Anforderungsdokument -> Vollständigkeit, Richtlinien für den
Anforderungsmanagementprozess, Abnahmekriterien etc.). Analytische Maßnahmen
diagnostizieren a posteriori die Qualität eines (Zwischen-)Produktes. Maßnahmen der
analytischen Qualitätssicherung sind in der folgenden Abbildung aus der Arbeit von
Balzert [vgl. Balz98b] visuell dargestellt:

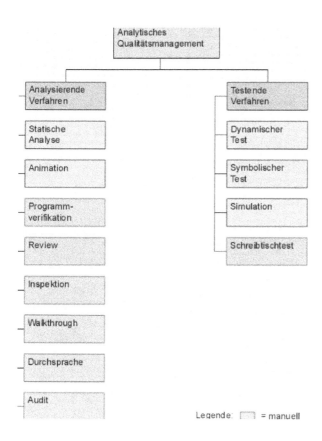

Abbildung 19: Maßnahmen zum analytischen Qualitätsmanagement [Balz98b]

Die Prüfung der erreichten Qualität muss sich auf die beschriebenen Qualitätsmerkmale der einzelnen Anforderungen und des Anforderungsdokuments beziehen.

Im Folgenden werden ausgewählte analytische Validierungstechniken zur inhaltlichen Qualitätsabsicherung kursorisch vorgestellt:

Durchsprache	
Durchführung	Anforderungsdokumente werden mit fachlich versierten Kollegen durchgesprochen.
Ziel	- Rückmeldung - Gewinnung neuer Ideen - Einholung von Anregungen und Meinungen Dritter - Entscheidungsfindung
Vorteile	- sehr geringer Zeitaufwand - kostengünstig - spontane Durchführbarkeit - fördert Kommunikation im Team - Teammitglieder werden bei regelmäßiger Durchführung untereinander in einen besseren Informationsstand versetzt
Nachteile	- Prüffokus wird meist durch den Autor vorgegeben - Überarbeitung des Prüfobjektes im Ermessen des Autors - Effizienz variiert

Tab. 4: Durchsprache als Validierungstechnik

Walkthrough	
Durchführung	Der Autor stellt seine Anforderungsspezifikation vor. Er erläutert den Entstehungsprozess und seine Gedankengänge.
Ziel	- Rückmeldung - Gewinnung neuer Ideen - Überprüfung der Tragfähigkeit des Konzepts

	- Einholung von Anregungen und Meinungen Dritter - gemeinsames Verständnis der Anforderungen - Auflösung von Konflikten - Entscheidungsfindung
Vorteile	- gemeinsames Verständnis - Flexibler Ablauf - Wenig Zeitaufwand - Fördert Kommunikation - Austausch von Informationen
Nachteile	- Prüffokus wird meist durch den Autor vorgegeben - Überarbeitung des Prüfobjektes im Ermessen des Autors - Beitrag zur Validierung ist begrenzt

Tab. 5: Walkthrough als Validierungstechnik

Review	
Durchführung	Die zu überprüfenden Artefakte werden allen Reviewern zur Überprüfung zur Verfügung gestellt. Fehler und Auffälligkeiten müssen bis zu einem festgelegten Termin zurückgemeldet werden. In einer optionalen Gruppensitzung kann ein Moderator die Artefakte präsentieren. Dieser Rahmen eignet sich zur Diskussion über Korrekturvorschläge oder auch offene Fragen.
Ziel	- Rückmeldung - umfassender Überblick - Diskussion über Korrekturvorschläge / offene Fragen - vorantreiben des Entscheidungsprozesses
Vorteile	- gemeinsames Verständnis - flexibler Ablauf

	- mittlerer Zeitaufwand - fördert Kommunikation - Austausch von Informationen - Fehlerkorrektur
Nachteile	- Effizienz variert - Diskussionen und Fehlersuche sind abhängig von dem Engagement der beteiligten Reviewer

Tab. 6: Review als Validierungstechnik

Inspektion	
Durchführung	Die Inspektion folgt einem strikt festgelegten Prozessschema mit vorgegebenen Rollen.
Ziel	- Detailprüfung von Artefakten - umfassender Überblick
Vorteile	- hoher Nutzen - findet die meisten Fehler und Auffälligkeiten - Nachbereitung ist fixer Bestandteil der Methode - Qualitätsverantwortung liegt beim gesamten Team
Nachteile	- zum Teil hoher Aufwand - Ergebnis ist zum Teil von der Erfahrung des Inspektionsleiters abhängig

Tab. 7: Inspektion als Validierungstechnik

6.2.1.7.2 Abnahmekriterien

„Ein Abnahmekriterium ist eine Vorschrift zur Überprüfung eines Entwicklungsartefakts während einer formellen Abnahme." [Pohl07, S. 224]

Im Fokus der Betrachtungen dieses Abschnitts steht die Formulierung von Abnahmekriterien für das System. Balzerts Definition von Anforderungen, die eingangs im Kapitel 2.1 zitiert wurde, zielt auf die Überprüfbarkeit der Anforderungen im Hinblick auf die spätere Produkt-Abnahme ab. Die Formulierung von Abnahmekriterien soll eine objektive Überprüfung des Systems auf die Erfüllung der Anforderungen ermöglichen.

„Abnahmekriterien stellen einen entscheidenden Faktor für die Effizienz des Anforderungsmanagements dar." [Schi01, S. 56]

Unter rechtlichen Gesichtspunkten werden Abnahmekriterien dokumentiert, weil sie festlegen, unter welchen Bedingungen sich der Auftraggeber zur Abnahme verpflichtet (vgl. [IEEE 610.12-1990]).

Unter ökonomischen Gesichtspunkten kann die Dokumentation von Abnahmekriterien zur Qualitätssicherung eingesetzt werden. Die Wahl eines günstigen Zeitpunktes bestimmt den Hebel dieses Instruments. Vor der Produktivsetzung eines Systems wird dieses getestet. Im Rahmen eines methodischen Vorgehens werden die geplanten Testaktivitäten für die Abnahme in einem Testkonzept beschrieben. Die Ableitung der Testkonzeption basiert auf den Anforderungsdokumenten, die im Entwicklungsprozess vom Groben ins Feine detailliert werden oder auch auf Basis des Designs. Die Ableitung von Abnahmekriterien auf Basis des Designs ist nicht Gegenstand dieser Betrachtung.

Für eine Definition von Abnahmekriterien auf Basis der Anforderungsdokumente zu einem möglichst frühen Zeitpunkt sprechen vor allem die vier Gründe, die oben für die Etablierung einer Qualitätsstrategie benannt wurden. Insbesondere der Summationseffekt und die Kosten der Fehlerbehebung sind Argumente für die Definition von Abnahmekriterien im Rahmen der Anforderungsanalyse. In dieser Phase tragen sie dazu bei, Fehler frühzeitig zu vermeiden. Anforderungen können noch leicht geändert werden. Weiterhin tragen sie zu einer erhöhten Klarheit und Verständlichkeit der Anforderungen bei. Ein Vorziehen dieser Aktivität verursacht keinen zusätzlichen

Aufwand. Das Einsparpotential ergibt sich aus den Einsparungen bei den exponentiell steigenden Fehlerbeseitigungskosten in späteren Entwicklungsphasen. Die Erstellung der Anforderungsdokumente und der Abnahmekriterien sollte nicht in Personalunion vorgenommen werden, damit die Anforderungen aus einem anderen Blickwinkel beurteilt werden.

Durch welche Qualitätssicherungsmethode die Qualität im konkreten Fall optimiert werden sollte, hängt von den Rahmenbedingungen (Risiken, zeitliche- und personelle Ressourcen, etc.) ab. Eine Führungsaufgabe in diesem Zusammenhang ist die Steigerung des Qualitätsbewusstseins im Unternehmen.

6.2.1.8 Anforderungen verwalten

Die Verwaltung der Anforderungsdokumente erfolgt idealerweise durch eine geeignete Software-Lösung für das Anforderungsmanagement. Es kommen Tools in Betracht, die den Workflow und das Dokumentenmanagement unterstützen. Die Auswahl des/der Tools zur Unterstützung ist abhängig von den Anforderungen und Rahmenbedingungen im Unternehmen.

Auf die Vorstellung entsprechender Tools im Rahmen dieser Arbeit wird verzichtet.

Nachstehend wird auf zwei Aspekte der Verwaltung von Anforderungen eingegangen, nämlich die Nachverfolgbarkeit und die Wiederverwendbarkeit.

6.2.1.8.1 Nachverfolgbarkeit

Mit den Begriffen Nachverfolgbarkeit oder Traceability wird die Möglichkeit bezeichnet, Informationen und deren Abhängigkeiten über den gesamten Software-Lebenszyklus hinweg konsistent zu verwalten und nachzuvollziehen. Die Nachverfolgbarkeit soll idealerweise sowohl vom Ursprung der Anforderung möglichst bis zu jedem daraus resultierenden Artefakt, als auch in die Gegenrichtung gegeben sein.

Gründe für diese Forderung sind z.b. folgende:

- Dokumentation der Handlungsgrundlage,

- Identifizierung betroffener Stakeholder,

- Nachvollziehbarkeit von Entscheidungen in der Vergangenheit,

- Schnelle Identifizierung abhängiger Artefakte, so z.b. auch betroffene Testfälle,

- Fundierte Bewertung der Auswirkung von Anforderungen,

- Ermittlung des Software-Releases, indem eine Anforderung umgesetzt wurde,

- Abhängigkeit zu anderen Anforderungen.

Die Verantwortung für die Sicherstellung der Nachverfolgbarkeit liegt sinnvollerweise im jeweils nachgelagerten Prozess bzw. in der jeweils nachgelagerten Phase. Die Nachverfolgbarkeit sollte durchgängig und nach Möglichkeit medienbruchfrei gestaltet sein.

6.2.1.8.2 Wiederverwendung

Wiederverwendungskonzepte dienen der Aufwandsminimierung und damit der Produktivitätssteigerung sowie der Qualitätsverbesserung. Im Rahmen der Verwaltung von Anforderungen können folgende Wiederverwendungskandidaten identifiziert werden:

- Templates / Gliederung,

- Leseanleitung für die Anforderungsdokumentation,

- Dokumentenvorlagen für regelmäßig wiederkehrenden Schriftverkehr,

- Nicht-funktionale Anforderungen,

- Funktionale Anforderungen (nur bedingt),

- Glossar,

- Anforderungsmuster/-schablone,

- Anforderungsmanagementprozess,

- Wissensdatenbank /Wiederverwendungsarchiv.

Eine Wissensdatenbank könnte Bestandteil eines ganzheitlich betriebenen Wissensmanagements sein. Für das Anforderungsmanagement könnten in einer Wissensdatenbank z.b. folgende Informationen hinterlegt werden:

- Fachliche Ansprechpartner,

- Informationen über die zu betreuenden Systeme,

- Fachliche Hintergrundinformationen zu den zu betreuenden Systemen,

- Besprechungsprotokolle,

- Dokumentenvorlagen,

- Informationen für den allgemeinen Wissenstransfer.

Bei der Organisation der Wiederverwendung sollte sichergestellt werden, dass die gesuchten Informationen möglichst schnell und sicher an einer definierten Stelle gefunden werden können und dass die hinterlegten Informationen gültig sind. „Komplementär zur Wiederverwendung wird die Fähigkeit verlangt, Wiederverwendbarkeit (reuseability) sicherzustellen, [...]." [Balz98, S. 657] „Neben der Bereitstellung einer geeigneten organisatorischen Umgebung besteht die Aufgabe des Software-Managements vor allem darin, eine Wiederverwendbarkeits-Kultur zu etablieren." [Balz98, S. 650]

7 Anforderungen im Kontext von Vorgehensmodellen

Die professionelle Entwicklung von Anwendungssystemen ist ein komplexer Prozess, der vorwiegend in Form von IT-Projekten unter Nutzung von Vorgehensmodellen abgewickelt wird. „Jede Software-Erstellung soll in einem festgelegten organisatorischen Rahmen erfolgen." [Balz98, S. 98] Vorgehensmodelle sind projektübergreifende Konzepte, die der Strukturierung des Ablaufs von Softwareprojekten dienen. Die Gestaltung des Anforderungsmanagements hängt davon ab, welches Vorgehensmodell eingesetzt wird. Die Wahl des Vorgehensmodells ist wiederum u.a. von der Stabilität der Anforderungen abhängig.

7.1 Monumentale vs. agile Prozess-Modelle

Monumentale Prozesse-Modelle sind „schwergewichtige" Prozess-Modelle, agile Prozesse-Modelle sind „leichtgewichtige" Prozess-Modelle.

7.1.1 Monumentale Prozessmodelle

Monumentale Prozesse fordern die **Erstellung vieler Dokumente bzw. Artefakte.**

Monumentale Prozesse eignen sich aufgrund der vielen Dokumente bzw. Artefakte **für stabile Anforderungen.**

Aufgrund der detaillierten Planung wird der monumentale Prozess vorhersagbar. Die Prozessschritte werden detailliert vorgeschrieben. Deshalb eignet er sich für Festpreisaufträge.

Es werden detaillierte Prozessschritte prozessorientiert vorgegeben. Ein Schwerpunkt liegt auf der Planung. Eine sorgfältige Planung ist vor allem bei großen Teams (>50 Mitglieder) erforderlich. Ein monumentales Prozessmodell wird auch dann eingesetzt, wenn der Kunde möglichst wenig mit der Entwicklung zu tun haben möchte. Hier müssen die Anforderungen zu Beginn detailliert festgelegt werden.

Vertreter der monumentalen Prozessmodelle sind:

- RUP,

- das Wasserfall-Modell,

- das allgemeine V-Modell und das V-Modell-97, sowie das V-Modell-XT.

7.1.2 Agile Prozessmodelle

Agile Prozesse legen besonderen Wert auf Flexibilität. Diese wird durch kurze Versionszyklen von wenigen Wochen bis Monaten erreicht. Agile Prozessmodelle eignen sich nur bei kleineren Teams (<50 Mitglieder). Agile Prozesse sind menschen- und teamorientiert. Es wird versucht, einen sinnvollen Kompromiss zwischen keinem Prozess und zu viel Prozess zu finden. Es soll gerade soviel Prozess vorhanden sein, damit sich der Aufwand lohnt.

Um erfolgreich zu sein, sind agile Prozesse auf verantwortungsvolle und motivierte Entwickler angewiesen. Es werden **möglichst wenige Dokumente**, im Extremfall nur der Code, gefordert. Sie werden eingesetzt, **wenn die Anforderungen vage/unsicher sind**. Hier muss iterativ entwickelt werden. Das Zielsystem wird nach und nach in lauffähigen Versionen ausgeliefert. Der Vorteil hierbei ist, dass im Produktiveinsatz gewonnene Erfahrungen bei den folgenden Versionen berücksichtigt werden können.

Es handelt sich um einen adaptiven Prozess. Pläne sind jeweils nur für kurze Zeiträume stabil. Sie werden jeweils für eine einzelne Iteration erstellt.

Für Festpreisaufträge sind agile Prozesse nicht geeignet. Aufträge müssen deshalb nach Aufwand abgerechnet werden.

Vertreter der agilen Prozessmodelle sind:

- das Spiralmodell,

- Iterative Prozess-Modelle,

- Prototypen-Modell,

- XP,

- Chrystal Family,

- ASD,

- SCRUM,

- FDD,

- DSDM.

7.2 Vor- und Nachteile schwer- bzw. leichtgewichtiger Prozessmodelle

Aufgrund der Vielzahl der geforderten Dokumente und Artefakte besteht bei den monumentalen Prozessen die **Gefahr einer Bürokratisierung** der Software-Erstellung. Diese führt einerseits zu einem hohen Zeitaufwand, zum anderen besteht die Gefahr, dass geglaubt wird, man habe ein gutes System entwickelt, bereits wenn die Dokumente richtig erstellt sind.

Des Weiteren erschweren die Vielzahl von Dokumenten und Artefakten die **Änderbarkeit** derselben. Es besteht sogar die Gefahr, dass auf sinnvolle Änderungen verzichtet wird, weil man den Aufwand für die **konsistente Änderung** der Dokumente scheut. Inkonsistenzen würden wiederum zu Fehlern und Überarbeitungskosten führen können.

Bei agilen Prozessen ist die Änderbarkeit besser gegeben. Die Änderungen müssen nur an wenigen Dokumenten vorgenommen werden, da nur wenige existieren. Es ist dadurch weniger die Gefahr gegeben, dass Inkonsistenzen entstehen oder sinnvolle Änderungen wegen des hohen Änderungsaufwandes abgelehnt werden.

Beide Prozessarten haben jeweils aufgrund ihrer oben beschriebenen Charaktereigenschaften unterschiedliche Vor- und Nachteile.

Diese müssen vor dem Hintergrund des Vorhabens beurteilt werden. Allgemein kann gesagt werden, dass je mehr Mitarbeiter koordiniert werden müssen und **je größer der potentielle Schaden ist, den ein Software-Produkt anrichten kann, desto strenger, förmlicher und deshalb schwergewichtiger muss die Methodologie** sein. Planung und Dokumentation sind dann von großer Bedeutung.

Agile Prozesse eignen sich für schnelle, innovative und kreative Vorhaben. Sie erlauben dem Kunden zu jeder Zeit einen völligen Richtungswechsel.

8 Erfolgsfaktoren im Anforderungsmanagement

Um das Anforderungsmanagement erfolgreich zu betreiben, ist die Kenntnis der Erfolgsfaktoren in Bezug auf den Projekterfolg elementar. Bezogen auf das Anforderungsmanagement soll im Rahmen dieses Kapitels ein Gefühl dafür entwickelt werden, welche Faktoren den Projekterfolg maßgeblich beeinflussen.

Die Bestimmung der Erfolgsfaktoren basiert auf den Studienergebnissen der Studie SUCCESS[3] (vgl. [Bus+06]). Als Grundlage zur Projekterfolgsbewertung wurden folgende Erfolgsindikatoren herangezogen:

- Einhaltung des Termins,
- Einhaltung des Budgets und
- Funktionserfüllung

(vgl. [Bus+06, S. 229]).

In der vorliegenden Studie wurde die Gültigkeit folgender Hypothesen bestätigt:

1. Das Projektergebnis ist abhängig von der Anzahl der Mitarbeiter im Unternehmen.

2. Das Projektergebnis ist abhängig von der Anzahl der Mitarbeiter im Projekt.

3. Das Projektergebnis ist abhängig von der Projektlaufzeit.

4. Das Projektergebnis ist abhängig vom Komplexitätsgrad der zu entwickelnden Hard- und/oder Software.

5. Das Projektergebnis ist abhängig vom Grad der jeweiligen Kundeneinbindung (in den einzelnen Entwicklungsphasen).

6. Das Projektergebnis ist abhängig von der Motivation des Projektteams.

7. Das Projektergebnis ist abhängig von der Kompetenz des Projektteams.

---

[3] Das Studiendesign und die Relevanz für Entwicklungsprojekte deutscher Unternehmen führten zur Auswahl gerade dieser Studie.

8. Das Projektergebnis ist abhängig von der Qualität der Kommunikation im Team.

9. Das Projektergebnis ist abhängig vom Einsatz einer Schätzmethode während der Projektplanung.

10. Das Projektergebnis ist abhängig von der Projektkontrolle

(vgl. [Bus+06, S. 290-292].

Zwei für das Anforderungsmanagement zentrale Erfolgsfaktoren werden nachfolgend herausgegriffen und näher beleuchtet. Es sei jedoch darauf hingewiesen, dass eine isolierte Analyse und Steuerung nur einzelner Erfolgsfaktoren nicht zum Projekterfolg führt.

Die Abbildungen in diesem Kapitel, die der Studie SUCCESS entnommen sind, zeigen in der Legende farblich unterschiedlich dargestellt, die Erfolgskategorien und die jeweils zugeordneten Erfolgspunkte. 100 Erfolgspunkte wurden angerechnet, wenn die Erfolgsindikatoren zu 100% erfüllt wurden.

8.1 Kundenbindungsintensität

Der Begriff Kundenbindungsintensität bezeichnet im Rahmen der Studie SUCCESS das Verhältnis vom Aufwand für die Kommunikation mit den Kunden (Nutzer und Auftraggeber) zum Gesamtaufwand (geplanter Gesamtaufwand plus Änderungsaufwand) für das Projekt.

Die Autoren dieser Studie gingen davon aus, „[…] dass eine enge Zusammenarbeit zwischen entwickelndem Unternehmen und Kunde/Nutzer Änderungen reduziert bzw. notwendige Änderungen zu einem früheren Zeitpunkt erfasst werden können. Je früher diese erkannt werden, desto weniger müssen bereits erfolgte Entwicklungstätigkeiten geändert oder überprüft werden. Zudem fördert eine enge Kunden/Nutzerintegration die Akzeptanz der Software im Kundenunternehmen." [Bus+06, S. 41]

Die Autoren der Studie SUCCESS gingen offensichtlich weiter davon aus, dass es eine Rolle spielt, in welcher Phase des Entwicklungsprozesses wie viel Aufwand für Kundenkommunikation investiert wird (vgl. [Bus+06, S. 41]).

Ihre Annahmen führten zu der Hypothese, das Projektergebnis sei abhängig vom Grad der jeweiligen Kundeneinbindung (in den einzelnen Entwicklungsphasen) (vgl. [Bus+06, S. 42]). Ihr Studienaufbau berücksichtigt vor diesem Hintergrund zwei Aspekte. Zum einen wird die Kundenbindungsintensität direkt in Relation zum Erfolg gesetzt, zum anderen wird die Kundenbindungsintensität auch unter Beachtung des Anfallens nach einzelnen Entwicklungsphasen in Relation zum Erfolg gesetzt. Das Ergebnis ist wenig überraschend:

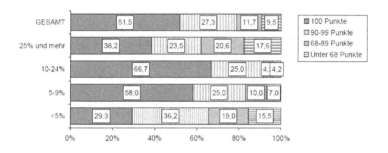

Abbildung 20: Projektergebnis nach Kundenbindungsintensität [Bus+06, S. 257]

Abbildung 20 verdeutlicht, dass Projekte mit einem Kommunikationsaufwand zwischen 5-9% und 10-24% eine überdurchschnittlich hohe Erfolgsquote hatten. Projekte mit einem Kommunikationsaufwand unter 5% und Projekte mit einem Kommunikationsaufwand über 25% schnitten erheblich schlechter ab. Am schlechtesten schnitten die Projekte ab, die weniger als 5% des Gesamtaufwands für Kundenkommunikation eingesetzt haben.

Mit einer Erfolgsquote von 66,7% schnitten diejenigen Projekte **am besten** ab, die zwischen **10-24%** des tatsächlichen Gesamtaufwands **für ihre Kommunikation** aufgewendet haben.

Die Abbildung zeigt deutlich dass sich mit steigender Kundenbindungsintensität auch die Erfolgsquote verbessert. Allerdings kehrt sich dieser Effekt um, sobald mehr als

25% des tatsächlichen Gesamtaufwands für Kundenkommunikation aufgewendet werden.

Wie sich eine unterschiedlich starke Gewichtung des Kommunikationsaufwands in den einzelnen Projektphasen auf das Projektergebnis auswirkt, zeigt Abbildung 21. Der Anteil der Kundenkommunikation in der Phase Anforderungen wurde mit dem Faktor 4 gewichtet, die Kommunikation in der Phase des Entwurfs mit dem Faktor 2, die Phase Implementierung mit dem Faktor 1 und die sonstigen Phasen zusammengefasst ebenfalls mit dem Faktor 1 gewichtet.

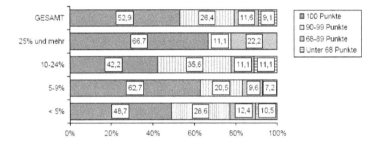

Abbildung 21: Projektergebnis nach Kundenbindungsintensität unter Berücksichtigung des Anfallens nach einzelnen Phasen [Bus+06, S. 259]

In Abbildung 21 findet man den Zusammenhang von Kommunikationsaufwand und Projekterfolg bestätigt. Die Autoren der Studie kommen zu folgender Wertung:

„Die Entwicklungsphase "Anforderungen" scheint eine besondere Rolle zu spielen." [Bus+06, S.259]

8.2 Qualität der Kommunikation im Team

Kommunikation ist erforderlich, um einen guten und schnellen Informationsfluss sicherzustellen. Dabei ist entscheidend, dass jeweils die richtigen Mitarbeiter zum richtigen Zeitpunkt informiert sind (vgl. [Bus+06, S.43]).

Die Hypothese, das Projektergebnis sei abhängig von der Qualität der Kommunikation im Team muss nicht näher erläutert werden.

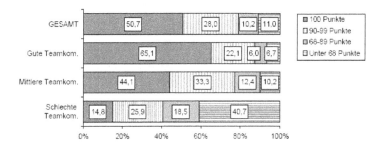

Abbildung 22: Projektergebnis nach Teamkommunikation [Bus+06, S. 270]

Abbildung 22 zeigt deutlich die Abhängigkeit des Projektergebnisses von der Teamkommunikation. Projekte mit einer schlechten Teamkommunikation lagen mit einer Erfolgsquote von 14,8% unter dem Durchschnitt und wiesen zudem eine stark erhöhte Quote von Projekten unter 68 Punkten auf (40,7%). Projekte mit einer guten Teamkommunikation hingegen waren überdurchschnittlich erfolgreich. Die Hypothesenverifikation bestätigt den vermuteten Zusammenhang.

9 Anforderungsmanagement im Kontext methodischer Qualitätssicherung

9.1 Capability Maturity Model Integration als Qualitätsmanagementmodell

„Die Erfahrungen haben […] gezeigt, dass die Qualität eines Produkts wesentlich von der Qualität des Erstellungsprozesses beeinflusst wird." [Balz98, S. 328] Anforderungsmanagement gehört zu den elementaren Prozessen in dem Software- und System-Reifegrad-Modell Capability Maturity Model Integration (CMMI). CMMI (vgl. [SEI06]) ist ein a-posteriori-Bewertungssystem, das ein Regelwerk zur Bewertung und **Verbesserung des Qualitätsmanagements von Organisationen und Prozessen** beschreibt. Im CMMI sind zwei alternative Darstellungsformen definiert, nämlich eine stufenförmige Darstellung und eine kontinuierliche Darstellung. Die stufenförmige Darstellung entspricht der Darstellung mit fünf Reifegraden (vgl. Abbildung 23).

Der Reifegrad (engl. maturity level) wird als Indikator für die Fähigkeit einer Organisation angesehen, Software mit der erforderlichen Qualität unter Einhaltung vorgegebener zeitlicher und finanzieller Rahmenbedingungen zu erstellen (vgl. [Paul95]).

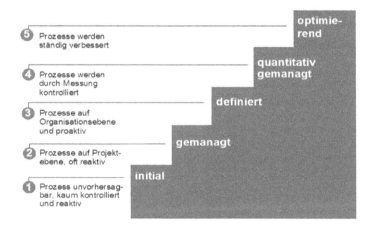

Abbildung 23: Das Reifegradmodell nach CMMI [Fold06]

Die kontinuierliche Darstellung des CMMI beschreibt Fähigkeitsgrade unter Nutzung der gleichen Strukturmerkmale. Die Fähigkeitsgrade werden je Prozessgebiet vergeben und ergeben so ein differenziertes Fähigkeitsprofil.

Der Umgang mit Anforderungen wird im CMMI auf zwei Reifegradstufen behandelt (vgl.[Kneu06]):

Reifegrad **2:**
Im Reifegrad 2 ist das Management der vorhandenen Anforderungen inklusive des Managements der Änderungsanforderungen sowie der bidirektionalen Nachverfolgbarkeit gefordert.

Reifegrad **3:**
Im Reifegrad 3 wird diese zur „Anforderungsentwicklung" ausgebaut und die Analyse der Anforderungen nach verschiedenen Kriterien sowie deren Validation über den gesamten Lebenszyklus des Produktes hinweg erwartet.

Um den angestrebten Reifegrad zu erreichen, ist eine Anzahl von Praktiken zu implementieren, die die Methodik im Detail vorgibt. Die spezifischen Ziele (engl. Specific Goal, Abk.: SG) der Prozessgebiete Anforderungsmanagement (Reifegrad 2) und Anforderungsentwicklung (Reifegrad 3), die dazugehörigen spezifischen Praktiken (engl. Specific Practice, Abk.: SP) sowie die zugehörigen generische Ziele (engl. Generic Goal, Abk.: GG)und Praktiken (engl. Generic Practice, Abk.: GP) sind wie folgt definiert(vgl.[SEI06]):

Anforderungsmanagement

<SG 1> Anforderungen managen

<SP 1.1> Verständnis über Anforderungen herbeiführen

<SP 1.2> Festlegung über Anforderungen herbeiführen

<SP 1.3> Festlegung auf Anforderungen herbeiführen

<SP 1.4> Bidirektionale Nachverfolgbarkeit der Anforderungen aufrechterhalten

<SP 1.5> Inkonsistenzen zwischen Projektart und Anforderungen identifizieren

<GG 2> Einen gemanagten Prozess institutionalisieren

<GP 2.1> Erstellen einer organisationsweiten Strategie

<GP 2.2> Prozess planen

<GP 2.3> Ressourcen bereitstellen

<GP 2.4> Verantwortlichkeit zuweisen

<GP 2.5> Personen schulen

<GP 2.6> Konfigurationen managen

<GP 2.7> Relevante Betroffene identifizieren und einbeziehen

<GP 2.8> Prozess überwachen und steuern

<GP 2.9> Einhaltung objektiv überwachen

<GP 2.10> Status mit höherem Management einem Review unterziehen

Tab. 8: Prozessgebiet Anforderungsmanagement im CMMI (vgl. [SEI06])

Anforderungsentwicklung
\<SG 1\> Kundenanforderungen entwickeln
\<SP 1.1\> Bedürfnisse ermitteln \<SP 1.2\> Kundenanforderungen entwickeln
\<SG 2\> Produktanforderungen entwickeln
\<SP 2.1\> Anforderungen an Produkt und Produktkomponenten aufstellen \<SP 2.2\> Anforderungen an Produktkomponenten zuweisen \<SP 2.3\> Schnittstellenanforderungen identifizieren
\<SG 3\> Anforderungen analysieren und validieren
\<SP 3.1\> Betriebskonzepte und Szenarios erstellen \<SP 3.2\> Definition der geforderten Funktionalität erstellen \<SP 3.3\> Anforderungen analysieren \<SP 3.4\> Anforderungen analysieren, um Ausgewogenheit zu erreichen \<SP 3.5\> Anforderungen mit Hilfe übergreifender Methoden validieren
\<GG 2\> Einen definierten Prozess institutionalisieren
zugehörige Praktiken siehe Tab. 8

Tab. 9: Prozessgebiet Anforderungsentwicklung im CMMI (vgl. [SEI06])

Durch die einhergehenden Prozessveränderungen (z.B. die Einführung eines Anforderungsmanagementprozesses) im Rahmen der Einführung von CMMI entstehen dem einführenden Unternehmen nicht unerhebliche Aufwendungen. Diesen stehen aber positive Qualitätseffekte gegenüber.

Produktionsprozesse beeinflussen die Softwareentwicklung und -qualität. Wird nachlässig bei der Entwicklung gearbeitet, entstehen hohe Kosten durch benötigte Nachbesserungen in Wartungsphasen (vgl. [Balz98, S. 21ff.]).

9.2 Kombination der Qualitätsmethode Quality Function Deployment mit dem Anforderungsmanagement

Langfristig resultiert der Erfolg eines Unternehmens aus der Qualität seiner Produkte und Dienstleistungen, die denen seiner Wettbewerber überlegen ist.

„Ein Instrument zur systematischen Kundenorientierung von Produkten, Projekten und Prozessen stellt das Quality Functon Deployment (QFD) dar, das als „Ableitung von Qualitätsanforderungen" oder als „qualitätsorientierter Planungsansatz" umschrieben werden kann und in Japan aus der Wertanalyse heraus entwickelt wurde." [CoCo00, S.262]

Leitgedanke dieses von Yoji Akao konzipierten Instrumentes ist die Ausrichtung der Unternehmensressourcen auf die Wünsche der Kunden. Das Wissen und die Fähigkeiten aller Unternehmensbereiche werden beim QFD zusammengebracht und koordiniert, um ein Produkt zu erstellen, das den Kundenwünschen entspricht. Der strategische Ansatz dabei ist die Trennung zwischen den Kundenanforderungen (was wird gefordert?) und den technischen Lösungsmerkmalen (wie wird es erfüllt?). Dadurch soll verhindert werden, dass ohne genaue Kenntnis der Kundenanforderungen bereits Lösungsmerkmale festgelegt werden. Das technische und wirtschaftliche Konzept ergibt sich im Planungsprozess. Die neun Schritte des QFD-Prozesses sind nachfolgend visualisiert:

Abbildung 24: Die neun Schritte des QFD-Prozesses [ITI02]

QFD wurde ursprünglich für Schiffswerften entwickelt.

„Die grundlegende Aufgabe der Produktenwicklung ist jedoch universell: Kunden haben Forderungen an die Benutzung des Produkts, welche die Entwicklung in einem komplexen Prozess unter Beachtung von Zeit-, Kosten- und Qualitätsgesichtspunkten erfüllen muss. Grundsätzlich kann QFD daher in seiner klassischen Form auch auf Softwareprodukte angewendet werden." [HeSc02, S.5]

Bei der Übertragung von QFD auf das Anforderungsmanagement gilt es zu beachten, dass sich das Produkt Software nicht durch seine physischen Eigenschaften, sondern durch sein Verhalten auszeichnet.

Die Anwendung von QFD führt fast immer zur Bildung eines sogenannten House of Quality (HoQ), welches das bekannteste Instrument des QFD darstellt. Das HoQ ist eine Matrix, die Kundenanforderungen detailliert analysiert und schrittweise in die Stimme der Entwickler übersetzt. Die Ergebnisse des QFD-Prozesses werden im sogenannten HoQ visualisiert. Für die Anwendung auf Softwareprodukte gilt dieses sinngemäß.

Die Erstellung eines HoQ zur vorbeugenden Qualitätssicherung im Rahmen des Anforderungsmanagements wir d nachstehend skizziert:

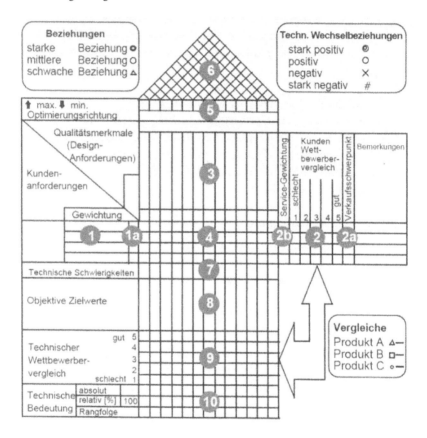

Abbildung 25: Schritte zur Erstellung eines House of Quality [KaBr05, S.256]

[1]   (Was)

Im ersten Schritt werden die erhobenen essenziellen! Kundenanforderungen aufgelistet.

[1a]

Diese werden nach geeigneten Kriterien klassifiziert bzw. gewichtet. Eine Strukturierungsmöglichkeit der Kundenanforderungen bietet das oben beschriebene Kano-Modell. Als Kriterien können aber auch die Entscheidungskriterien zur Priorisierung von Anforderungen herangezogen werden. Die Gewichtung kann auch durch paarweisen Vergleich erfolgen. Das Ergebnis ist eine nach Kundenprioritäten bewertete Matrix.

[2]   (Warum)

Im zweiten Schritt erfolgt eine vergleichende Analyse der IST-Situation/des eigenen Produktes in Bezug auf eine relevante Basis nach dem Konzept des Benchmarkings mittels einer Skala von eins bis fünf aus Kundensicht. Im Bereich der Softwareentwicklung kann sich eine solche Bewertung beispielsweise auf Konkurrenzprodukte, verfügbare Standardsoftware (Make Or Buy-Entscheidung), ein abzulösendes Altsystem oder einen Geschäftsprozess, der automatisiert werden soll, beziehen. So wird die eigene Position in Bezug auf das Referenzprodukt bzw. das Optimierungspotential sichtbar.

[2a und 2b]

Darüber hinaus können Schwerpunkte (SOLL-Situation) und Gewichtungen (Potential) einbezogen werden.

[3] (Wie)

Die Kundenanforderungen des ersten Schrittes werden nun in Produktanforderungen überführt, welche geeignet sind, die Kundenanforderungen zu realisieren.

[4] (Was zu Wie)

Nun erfolgt die Wertung anhand einer Skala, wie stark Produkt- und Kundenanforderungen korrelieren (Korrelationsmatrix). Ein Eintrag unterbleibt, wenn keine Beziehung besteht.

[5]

Als nächstes wird die Optimierungsrichtung der Produktanforderungen überprüft und festgelegt. Es wird festgelegt, ob eine Maximierung oder eine Minimierung zu einer Verbesserung führt. Weiterhin wird festgelegt, in welche Richtung die Werte der

Produktanforderungen zu optimieren sind. In der Regel wird eine Anforderung zur Optimierung maximiert werden, was im Allgemeinen durch einen nach oben zeigenden Pfeil dargestellt wird. Sollten sie auf einen Zielwert oder Zielbereich ausgerichtet werden, so wird dies durch einen Kreis dargestellt. Sollte sie minimiert werden, wird dies durch einen nach unten gerichteten Pfeil dargestellt.

[6] (Wie zu Wie)

Das Dach des HoQ ist eine Wechselbeziehungsmatrix. Hier wird festgestellt, ob eine Wechselbeziehung zwischen zwei Produktanforderungen vorhanden ist. Eine gegebene Wechselwirkung kann einen positiven oder einen negativen Einfluss auf die Optimierungsrichtung haben. Die Wirkungsrichtung (kongruent/konfligierend) wird in der Wechselbeziehungsmatrix mit Hilfe von Symbolen gekennzeichnet. Mit einem Doppelkreis wird eine sehr gute und mit einem einfachen Kreis eine gute Unterstützung erklärt. Ein Kreuz symbolisiert einen Konflikt und ein Doppelkreuz einen stärkeren.

[7]

Der Schwierigkeitsgrad, das Risiko bzw. der Aufwand (Zeit, Kosten) für die technische Umsetzung können unter der Rubrik „Technische Schwierigkeiten" bewertet werden.

[8] (Wieviel)

Nun sind die objektiven Zielwerte anzugeben, anhand derer die Zielerreichung gemessen werden kann. Diese Zielwerte können die wesentlichen Abnahmekriterien darstellen.

[9]

Das Sollprofil wird jetzt einer Prüfung anhand objektiver Messungen/Kriterien unterzogen und in Bezug zu der gewählten Basis in [2] gebracht. Die Ergebnisse werden in Form einer Bewertungsskala ebenfalls entsprechend dem Vorgehen in [2] dargestellt. An dieser Stelle ist ein Vergleich der Ergebnisse aus [2] und [9] möglich.

[10]

Im letzten Schritt wird rechnerische Ergebnis des HOQ nach einem vorgegebenen Algorithmus berechnet. Die absolute Bedeutung jeder Produktanforderung ergibt sich aus der Summe der Produkte aus Gewichtung [1a] und Stärke der Beziehung [4]. Diese Werte sind jedoch wenig aussagekräftig, da sie von der Anzahl der Kundenanforderungen abhängen. Deshalb wird im nächsten Rechenschritt der relative

Wert jeder Produktanforderung ermittelt. Die Produktanforderungen mit hoher relativer Bedeutung stellen die erfolgskritischen Anforderungen dar.

9.3   Metriken im Anforderungsmanagement

„Eine Software-Metrik definiert, wie eine Kenngröße eines Software-Produktes oder eines Software-Prozesses gemessen wird." [Balz98, S. 225]

Durch Metriken können Attribute eines Software-Produkts oder des Softwareentwicklungsprozesses bestimmt werden. Metriken sind Methoden, die Attribute durch Messungen bestimmen. Sie dienen im Allgemeinen dazu, dem Management Entscheidungsgrundlagen für die Verbesserung von Prozessen, Methoden oder Werkzeugen zu bieten. Daneben werden sie eingesetzt, um auf die Arbeitsweise der Mitarbeiter Einfluss zu nehmen.

Für den Einsatz anforderungsbasierter Metriken zur Bewertung von Anforderungsspezifikationen spricht die Schlüsselrolle der Anforderungen im Softwareentwicklungsprozess. Zur Vermeidung von Risiken ist es sinnvoll, die Qualität von Anforderungen zu einem frühen Zeitpunkt nach objektiven Gesichtspunkten zu bewerten, damit anforderungsbezogenen Problemen frühzeitig entgegengewirkt werden kann. Eine messbare Anforderungsqualität kann die Effizienz des Anforderungsmanagements verbessern.

Bei dem Einsatz von Metriken ist es jedoch von erheblicher Bedeutung, die Stärken und Schwächen der eingesetzten Metriken genau zu kennen. Schwachpunkte werden in der Regel durch die Mitarbeiter schnell erkannt und ausgenutzt (vgl. [FICH06, S.3]).

Metriken können nur ausgewählte Aspekte messen (vgl. [Balz98, S. 478]). Die unreflektierte Bewertung der Ergebnisse einer Metrik kann dann leicht zu Fehlentscheidungen führen (Indikatorenfalle). Metriken können Hinweise auf mögliche Probleme liefern und als Entscheidungsgrundlage dienen. Vor dem Ergreifen von Steuerungsmaßnahmen ist in jedem Fall eine genauere Analyse durchzuführen.

Vor-und Nachteile der Etablierung anforderungsbasierter Metriken sind in Abbildung 26 gegenübergestellt:

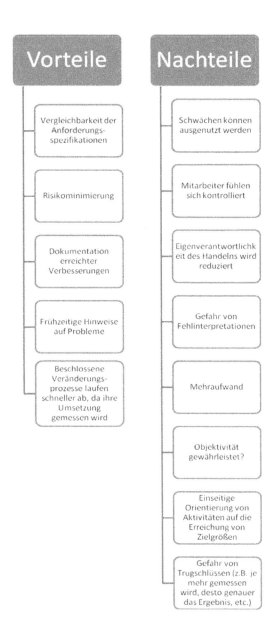

Abbildung 26: Einsatz anforderungsbasierter Metriken

Bei der Auswahl von Metriken sollten folgende Gütekriterien beachtet werden:

- Nützlichkeit (Aussagekraft!),

- Zuverlässigkeit,

- Ökonomie (Aufwand, Automatisierbarkeit),

- Vergleichbarkeit,

- Objektivität.

Um die Wirksamkeit und Wirtschaftlichkeit ausgewählter Aspekte sichtbar zu machen, muss ein entsprechendes Messprogramm aufgesetzt werden, um die Zielerreichung prüfen zu können. Aufgrund seiner hohen Flexibilität erscheint eine Vorgehensweise nach dem Goal-Question-Metric-Ansatz (GQM) nach Basili und Rombach (vgl. [BaRo88, S. 758-773]) am sinnvollsten:

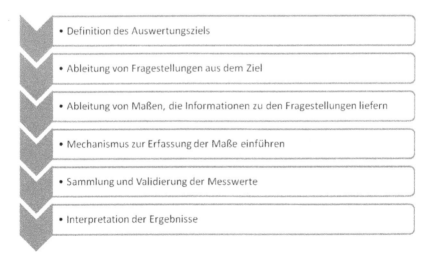

Abbildung 27: Einsatz anforderungsbasierter Metriken

Wichtige Informationen können z.B. textbasierte Metriken (bedingt) und inhaltsbasierte Metriken (vgl. [Rupp07, S. 358-366]) liefern. Die beiden nachfolgenden Abbildungen zeigen ein einfaches Beispiel, wie der Messwert einer inhaltsbasierten Metrik ermittelt werden kann (Abbildung 28) und wie die Ergebnisse in grafischer Form darstellbar sind (Abbildung 29).

$$Messwert = \frac{Anforderungen\,ohne\,Defekt}{\sum Anforderungen}$$

Abbildung 28: Beispiel für eine mögliche Formel zur Berechnung des Messwertes

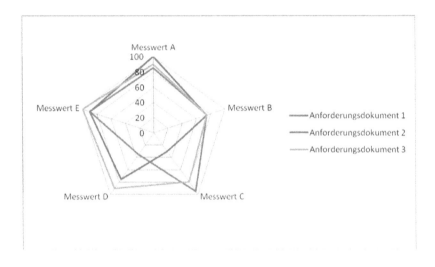

Abbildung 29: Beispiel für eine mögliche grafische Darstellung der Messergebnisse

10   Fazit

Das Anforderungsmanagement gehört zu den wichtigsten Managementdisziplinen.

Die zukünftigen Herausforderungen im IT-Umfeld erfordern einen veränderten Umgang mit Anforderungen. Dabei spielt das Anforderungsmanagement eine besondere Rolle.

Die Notwendigkeit eines umfassenden Ansatzes für das Anforderungsmanagement basiert auf der Einsicht, dass vor allem unter dem Kostenaspekt eine wirkliche Verbesserung der Leistungsfähigkeit nur dann erreicht wird, wenn der gesamte Prozess des Anforderungsmanagements – ausgehend von der Erhebung einer Anforderung und Beauftragung bis hin zur Lösungsbereitstellung und anschließenden Kundenbetreuung - optimiert und als kontinuierlicher, permanenter Prozess in einer Organisation verankert wird. Ab einer gewissen Unternehmensgröße muss es für die konsequente Umsetzung des Anforderungsmanagements eine zentrale Anlaufstelle geben. Die Einführung eines Anforderungsmanagements bedeutet einen Veränderungsprozess im gesamten Unternehmen und erfordert ein hohes Maß an nachhaltiger Veränderungsbereitschaft.

Mit einer produkt- und kundenorientierten Qualitätsstrategie lässt sich die Anforderungsqualität verbessert. Mit der Qualität der Anforderungen werden die Weichen für eine erfolgreiche Produktentwicklung gestellt.

Durch die Etablierung eines kontinuierlichen und systematischen Anforderungsmanagements wird sichergestellt, dass die entwickelten Systeme den Wünschen und dem Bedarf der Kunden entsprechen. Dadurch wird ein Höchstmaß an Kundenorientierung wird Kundenzufriedenheit erreicht. Darüber hinaus lässt sich die Ressourceneffizienz signifikant steigern. Das Unternehmen gewinnt so an Reaktionsfähigkeit, Agilität und schließlich an Wettbewerbsfähigkeit. Innovative und methodische Konzepte, wie die anforderungsgetriebene Softwareentwicklung stellen zukünftig eine notwendige Voraussetzung wie auch eine große Herausforderung dar.

Abkürzungsverzeichnis

ASD	Adaptive Software Development
CMMI	Capability Maturity Model Integration
DSDM	Dynamic Systems Development Method
FDD	Feature Driven Development
GQM	Goal-Question-Metric
GUI	Graphical User Interface
HMI	Human Machine Interface
HoQ	House of Quality
OMG	Object Management Group
QFD	Quality Functon Deployment
RUP	Rational Unified Process
SDLC	Software Development Lifecycle
SOA	Service Orientierte Architekturen
UML	Unified Modeling Language
XP	Extreme Programming

Abbildungsverzeichnis

Tabellenverzeichnis

Glossar

Anforderungsartefakt	Ein Anforderungsartefakt ist eine dokumentierte Anforderung
Artefakt	Ein Artefakt ist ein Stück Information, dass durch Mitarbeiter erzeugt, modifiziert oder genutzt wird. Der Begriff Artefakt wird als generelle Bezeichnung für alle Typen von Ergebnissen im Projekt verwendet. Ein Artefakt kann ein Dokument, ein Modell, ein Modellelement, ein Testfall oder auch Quellcode, etc. sein.
Attribut	Ein Attribut ist eine charakteristische Eigenschaft eines Objekts.
Fachliche Essenz	Fachliche Systemanforderungen sind essenziell, wenn sie unabhängig von der späteren Realisierung beschrieben sind.
Function-Overhead	In einem Programm implementierte Anzahl von Funktionen, die über dem Optimum liegt.
Usability	Gebrauchstauglichkeit
Gold Plating	Funktionen, die in Programmen implementiert werden, obwohl diese vom Auftraggeber nicht gewünscht wurden.
Prozessmodell	Ein Prozessmodell ist die Beschreibung einer koordinierten Vorgehensweise bei der Abwicklung eines Softwareprojektes. In einem Prozessmodell ist festgelegt, welche Aktivitäten in welcher Reihenfolge von welchen Personen zu erledigen, welche Ergebnisse dabei zu erzeugen und wie diese zu überprüfen sind.

Software Development Lifecycle	Software-Entwicklungs-Lebenszyklus
Stakeholder	Stakeholder sind Personen mit Einfluss oder Interesse an einer Anforderung.
Traceability	Nachvollziehbarkeit von Informationen.
Vorgehensmodell	Siehe Prozessmodell

Literatur

Akad88 AKADEMIE FÜR FÜHRUNGSKRÄFTE DER WIRTSCHAFT GMBH (Hrsg.): *Akademie-Studie 1998 : Manager haben keine Zeit für innovative Ideen.* 1988 http://www.die-akademie.de/download/studien/AkademieStudie1998.pdf 23.03.2008

Balz96 BALZERT, Helmut: *Lehrbuch der Software-Technik : Software-Entwicklung.* Heidelberg ; Berlin ; Oxford : Spektrum, 1996

Balz98 BALZERT, Helmut: *Sofware-Qualitätssicherung : Software-Management, Software-Qualitätssicherung und Unternehmensmodellierung.* Heidelberg ; Berlin ; Oxford : Spektrum, 1998

Balz98b BALZERT, Helmut: *Sofware-Qualitätssicherung : 2 Qualitätssicherung.* 1998 http://www.inf.fu-berlin.de/inst/ag-se/teaching/V-SWT-2003/54_2LE_10tw.pdf 23.03.2008

BaRo88 BASILI, V.R. ; ROMBACH, H.D.: The TAME project: towards improvement-oriented software environments. In: *IEEE Transactions on Software Engineering*, Vol. 14, No. 6, 1988

Boeh81 BOEHM, Barry W.: *Software Engineering Economic.* Englewood Cliffs, NJ, USA : Prentice Hall PTR, 1981

BöFu+02 BÖHM, Rolf ; FUCHS, Emmerich [u.a.]: *System-Entwicklung in der Wirtschaftsinformatik : Systems Engineering.* 5. Auflage. Zürich :

Vdf Hochschulverlag AG an der ETH Zürich, 2002

Bus+06   *BUSCHERMÖHLE, Ralf ; EEKHOFF, Heike ; JOSKO, Bernhard ; INSTITUT OFFIS E. V.(Hrsg.): Success : Erfolgs- und Misserfolgsfaktoren bei der Durchführung von Hard- und Softwareentwicklungsprojekten in Deutschland 2006.* Report VSEK/55/D. Oldenburg : Offis, 2006

CoCo00   CORSTEN, Hans ; CORSTEN Hilde: *Projektmanagement.* München Oldenburg : 2000

DIN04   DIN Deutsches Institut für Normung e. V. (1994.): DIN 66272. In: *STAHLKNECHT, Peter ; HASENKAMP, Ulrich: Einführung in die Wirtschaftsinformatik.* 11. Auflage. Berlin ; Heidelberg ; New York : Springer, 2004

DIN06   DIN Deutsches Institut für Normung e. V. (Hrsg.): *Qualitätsmanagement DIN EN ISO 9000 ff. - Dokumentensammlung.* 4. Auflage. Berlin ; Wien ; Zürich : Beuth, 2006

FICH06   FICHTINGER, Stefan: Metriken im Anforderungsmanagement : Wie CMMI oder SPICE Level 3 erreicht wird. In: *OBJEKTspektrum, Embedded 2006*, 2006. www.sigs.de/publications/os/2006/emb/fichtinger_OS_emdded_06.pdf 23.03.2008

Fold06   FOLDENAUER, Jürgen: Requirements Engineering aus Sicht des CMMI. In: *OBJEKTspektrum, Requirements Engineering*, 2006. http://www.dnv.de/Binaries/2006%2003%2002%20OBJEKT-spektrum%20online%2006-02%20Sonderdruck_tcm68-228422.pdf 23.03.2008

HeSc02   HERZWURM, Georg ; SCHOCKERT, Sixten: *Priorisierendes und fokussiertes Software Quality Function Deployment (Prifo-QFD)*. Dresden ; Köln : 2002. http://www.nathan-expertise.de/download/ManagementCircle/IT-Anforderungsmanagement/Literatur/Software-QFD.doc 22.03.2008

IEEE 610.12-1990   INSTITUTE OF ELECTRIC AND ELECTRONIC ENGINEERS: *IEEE Standard Glossary of Software Engineering Terminology (IEEE 610.12-1990)*. IEEE, New York : 1990.

IEEE 830-1998   INSTITUTE OF ELECTRIC AND ELECTRONIC ENGINEERS: *Recommended Practice for SW Requirements Specifications* (IEEE 830-1998). IEEE, New York : 1998.

ILTI02   ILTIS GMBH (Hrsg.): *Quality Function Deployment*. Rottenburg : 2002. http://www.4managers.de/index.php?id=385 23.03.2008

KaBr05   KAMISKE, Gerd F. ; BRAUER, Jörg-Peter: *Qualitätsmanagement von A bis Z : Erläuterungen moderner Begriffe des Qualitätsmanagements*. 3. Auflage. Berlin ; München : Hanser, 2005

KBSt07   KOORDINIERUNGS- UND BERATUNGSSTELLE DER BUNDESREGIERUNG FÜR INFORMATIONSTECHNIK IN DER BUNDESVERWALTUNG IM BUNDESMINISTERIUM DES INNERN (Hrsg.): *Teil 1 Grundlagen des V-Modells : V-Modell ®XT*. Version 1.2.1, 08.2007. http://www.v-modell-xt.de/ 06.02.2008

Kneu06   KNEUPER, Ralf: *CMMI : Verbesserung von Softwareprozessen mit Capability Maturity Model Integration*. 2. Auflage. Heidelberg :

dpunkt, 2006

KrBo99   KRUCHTEN, Philippe ; BOOCH, Grady (Mitarb.): *Der Rational
          Unified Process : Eine Einführung.* München : Addison-Wesley,
          1999

Kruc03   KRUCHTEN, Philippe: *The Rational Unified Process : An
          Introduction.*
          3. Auflage. Amsterdam : Addison-Wesley, 2003

LeWi99   LEFFINGWELL, Dean ; WIDRIG, Don: *Managing Software
          Requirements : A Unified Approach.* Amsterdam : Addison-Wesley,
          1999

OOSE06   OOSE INNOVATIVE INFORMATIK GMBH (Hrsg.): *UML 2.0
          Notation.* 2006.
          http://www.oose.de/downloads/uml-2-Notationsuebersicht-
          oose.de.pdf
          23.03.2008

Paul95   PAULK, M. et al.: *The Capability Maturity Model : Guidelines for
          Improving the Software Process.* New York : Addison-Wesley, 1995

Pohl07   POHL, Klaus: *Requirements Engineering : Grundlagen, Prinzipien,
          Techniken.* 1. Auflage. Heidelberg : dpunkt, 2007

Reic06   REICHHARDT, Holger: Die Fachabteilung weiss was sie will! :
          Fachliches Anforderungsmanagement sollte den IT-Dienstleister
          steuern. In: *OBJEKTspektrum, Ereignis-Getriebene Architekturen.*
          2 (2006).
          http://www.sigs.de/publications/os/2006/RE/reichardt_OS_RE_06.pd
          f 03.02.2008

Rubi07   RUBINSTEIN David: Study: Less Chaos in Development Shops.

In: *Software Development Times*, 12.02.2007.
http://www.sdtimes.com/article/LatestNews-20070201-40.html
05.02.2008

Rupp03   RUPP, Chris ; SOPHIST GROUP (Hrsg.): *UML 2 : Ballast oder Befreiung?* 2003.
http://www.jeckle.de/uml-glasklar/AgilityDays2003.pdf
30.03.2008

Rupp07   RUPP, Chris ; SOPHIST GROUP (Hrsg.): *Requirements-Engineering und -Management : Professionelle, iterative Anforderungsanalyse für die Praxis. 4.* Auflage. München ; Wien : Hanser, 2007

Schi01   SCHIENMANN, Bruno: *Kontinuierliches Anforderungsmanagement : Prozesse - Techniken – Werkzeuge.* München : Addison-Wesley, 2001

SEI06   SOFTWARE ENGINEERING INSTITUTE (Hrsg.): *CMMI for Development.* Version 1.2, 2006.
http://www.sei.cmu.edu/pub/documents/06.reports/pdf/06tr008.pdf
23.03.2008

SoSa97   SOMMERVILLE, Ian ; SAWYER, Pete: *Requirements Engineering : A Good Practice Guide.* Chichester : Wiley, 1997

Ver+03   VERSTEEGEN, Gerhard (Hrsg.) ; HEßELER, Alexander (Mitarb.); HOOD, Colin (Mitarb.); MISSLING, Christian (Mitarb.); STÜCKA, Renate (Mitarb.): *Anforderungsmanagement.* Berlin ; Heidelberg ; New York : Springer, 2003